Susan Piver

Der achtsame Weg zu einem authentischen Leben

Übersetzt von Maria Harpner

Arbor Verlag
Freiburg im Breisgau

Die Originalausgabe erschien unter dem Titel:
The Hard Questions for An Authentic Life. 100 Essential Questions for Designing Your Life from the Inside Out

1. Auflage 2014

Titelfoto: © 2013 derProjektor/photocase
Lektorat: Lothar Scholl-Röse
Druck und Bindung: Kösel, Krugzell
Hergestellt von mediengenossen.de

Dieses Buch wurde auf 100 % Altpapier gedruckt und ist alterungsbeständig.
Weitere Informationen über unser Umweltengagement finden Sie unter www.arbor-verlag.de/umwelt

www.arbor-verlag.de

ISBN 978-3-86781-096-8

Susan Piver

Der achtsame Weg zu einem authentischen Leben

Für Josh Baran, für das Geschenk
seiner Freundschaft im Hier und Jetzt

Für Michael Caroll, meinen kundigen
und unerschütterlichen Dharmabruder

Für Duncan H. Browne III,
für seine authentische Liebe

Im Andenken an Julius Piver,
der ein Leben der Liebe und Erfüllung lebte

Wahre Unerschrockenheit bedeutet,
keine Angst vor sich selbst zu haben.

Chögyam Trungpa

Inhalt

	Einführung	9
1	Familie	33
2	Freundschaften	51
3	Liebesbeziehungen	69
4	Arbeit	95
5	Geld	119
6	Kreativität	141
7	Spiritualität	159
	Nachwort	171
	Anhang	175
	Danksagung	183
	Über die Autorin	185

Einführung

Meine Mutter erzählt gerne folgende Geschichte aus meiner Grundschulzeit: Um uns den Übergang zur Mittelschule zu erleichtern, organisierte man kurz vor Ende des letzten Grundschuljahres ein Treffen zwischen Schülern und Lehrern. Es sollte uns die Möglichkeit geben, unsere neuen Lehrer kennenzulernen und mit ihnen über die Bedeutung dieses wichtigen Schulwechsels zu sprechen. Nachdem wir gehört hatten, wie sich unsere Welt verändern würde, mit welchen Schwierigkeiten wir zu rechnen hatten und was von uns in diesem neuen Umfeld erwartet wurde, fragte man uns, was wir uns für die Mittelschule vorgenommen hatten.

Für mich war der Gedanke an die neue Schule sehr aufregend, denn ich erwartete dort ein Universum an Möglichkeiten und Herausforderungen. Ich war entschlossen, das Beste daraus zu machen, und wusste sofort ganz genau, wie meine Antwort lauten würde. Geduldig wartete ich, bis ich an der Reihe war. Einer nach dem anderen stand auf und meine elfjährigen Klassenkameraden sagten Dinge wie: „Ich möchte mich in Mathematik verbessern", „Ich habe mir fest vorgenommen, mich im Unterricht öfter zu melden" und „Ich hoffe, neue Freunde zu finden." Ich war fassungslos. *Das* war ihr Ziel? *Das* waren ihre Überlegungen zu diesem folgenschweren Wechsel in eine so offensichtlich andere Liga?

Dann war ich an der Reihe: „Das Wichtigste für mich in der siebenten Klasse ist, mir selbst treu zu bleiben." Ich erinnere mich, mit welcher Überzeugung ich das sagte. Ich stand kurz vor einer grundlegenden Veränderung. Ich hatte nicht die geringste Lust, mich selbst darin zu verlieren oder zu vergessen, wer ich eigentlich war. Ich wollte mich für diese neue Welt öffnen und ich selbst bleiben.

Ich erwartete, dass meine Worte diesem Unsinn ein Ende setzen und alle daran erinnern würde, um was es hier eigentlich ging. Was zählten schon Freunde und Mathematik, wenn es um wesentlich tief greifendere Dinge ging.

Stattdessen erntete ich Totenstille. Die anderen Mütter sahen meine Mutter peinlich berührt an, mit einem Blick, der sagen wollte: „Oh Sie Bedauernswerte ..."

Ich erinnere mich, wie mir die Tränen in die Augen schossen, weil ich so schockiert war, dass meine Sichtweise den anderen derartig fremd war, und scheinbar niemand verstand, wovon ich redete. Ich fühlte mich unendlich alleine.

Ich erzähle diese Geschichte aus zwei Gründen: Erstens, weil sich in den dazwischenliegenden (Trillionen von) Jahren im Grunde nichts geändert hat. „Mir selbst treu zu bleiben" ist für mich noch immer das Wesentlichste, obwohl meine Auffassung davon, was das eigentlich ist, sich laufend ändert. Dieses Credo hat mir ein sehr interessantes Leben beschert. Es führte mich von den Vorstadtgärtchen und den 0815-Einkaufszentren einer amerikanischen Großstadt zu Orten, die für mich einzigartig und voll Leben waren: Austin, Texas und New York City. Ich arbeitete als Taxifahrerin, Kellnerin, Barkeeper, als leitende Angestellte im Musikgeschäft (was sich vom Job eines Barkeepers weniger unterscheidet, als man meinen würde) und bin jetzt Schriftstellerin und buddhistische Meditationslehrerin. Meine eigentliche Ausbildung endete mit meinem Highschool-Diplom (ich schätze, der Wechsel in die Mittelschule hatte doch keine so durchschlagende Wirkung ...), trotzdem habe ich nie aufgehört, mein Wissen zu erweitern: Ein Großteil meines Lebens dreht sich um die Freuden des Studiums, des Lesens und Schreibens. Ich kann wirklich sagen, dass es mir in all diesen Jahren nicht *ein Mal* in den Sinn kam, die Prioritäten, die ich bereits als Kind hatte, neu zu überdenken. Sogar in den düstersten und hoffnungslosesten Momenten meines Lebens habe ich ein großes Interesse für mein inneres Erleben verspürt. Das war nicht immer leicht. Doch je älter ich werde, desto weniger glaube ich, mich dafür entschuldigen oder es verheimlichen zu müssen.

Und dann wollte ich diese Geschichte hier mit Ihnen teilen, weil der Schmerz des Nicht-Gesehen- oder Nicht-Gehört-Werdens darin eine zentrale Rolle spielt. Sie kennen es sicher, dieses Gefühl, unsichtbar zu sein. Jedem von uns ist das schon passiert – man versucht, sich selbst treu zu bleiben und … keinen kümmert's.

Denken Sie zurück an eine Zeit, als Sie eine klare Vorstellung von Ihrem Leben und dessen tieferer Bedeutung hatten und sich nicht scheuten, Ihre Wahrheit unbefangen zum Ausdruck zu bringen. Sie waren vielleicht vier … oder auch vierzig Jahre alt. Es spielt keine Rolle. Mein authentisches Selbst meldete sich unüberhörbar zu Wort, als ich elf Jahre alt war, aber es war immer schon da, genau, wie Sie tief in Ihrem Innern immer schon derjenige waren, der Sie eigentlich sind. Statt Sie bei der *Schaffung* eines authentischen Selbst zu unterstützen, sind die Fragen in diesem Buch dazu gedacht, Sie an Ihr authentisches Selbst zu *erinnern.* Alles, was Sie brauchen, um dem Sinn ihres Lebens auf die Spur zu kommen, ist bereits vorhanden. Es ist nicht nötig, sich neue Fähigkeiten anzueignen oder Hindernisse zu überwinden, um diese Entdeckung zu machen. Sie müssen sich einfach nur entspannen.

Dabei kann dieses Buch der Fragen hilfreich sein. Um sie zu beantworten, müssen Sie keine endgültigen Entscheidungen treffen, Sie müssen sich selbst auch von nichts überzeugen. Stattdessen lade ich Sie ein, etwas wesentlich Radikaleres zu tun: Reichen Sie sich selbst die Hand zur Freundschaft. Lernen Sie sich selbst kennen, jenseits von Werturteilen, Kritik und den vielen „Ich sollte doch". Wenn es uns gelingt, ganz klar *Ja* zu uns selbst zu sagen, so wunderbar, verrückt, scharfsinnig und verwirrt, wie wir eben sind, dann passiert etwas Interessantes: Das macht Mut. Und Mut ist unerlässlich für ein authentisches Leben.

Eine kurze Warnung noch: Viele von uns verbringen ihre Zeit damit, sich für ihre Gedanken, Wünsche und Gefühle zu schämen. Ich habe keine Ahnung, warum, aber scheinbar wird uns – irgendwo zwischen Konsumdenken, den alles durchdringenden Werbebotschaften und unseren (ganz egal wie wohlmeinenden) Eltern und Freunden – der Eindruck vermittelt, wir wären nicht gut genug, nicht intelligent genug, reich genug, dünn genug, erfolgreich genug, cool genug, aufmüpfig genug, politisch genug, schön genug etc. … Falls wir empfänglich dafür sind, bieten sich an jedem beliebigen Tag zahllose, erschreckende Indizien für unsere Unzulänglichkeit.

Natürlich würde es uns allen nicht schaden, an uns zu arbeiten. Ich sage nicht, dass wir mit den Worten: „Ich bin perfekt, da gibt es nichts zu verbessern" die Hände in den Schoß legen sollen. Schließlich lesen Sie dieses Buch, weil Sie sich glücklicher und erfüllter fühlen möchten, und das ist eine wirklich gute Sache. Und doch, wenn wir uns voller Selbstzweifel und Unzufriedenheit auf die Suche machen – statt uns daran zu erfreuen, wer wir sind und welche Möglichkeiten in uns stecken –, dann wird das Ganze zu einer weiteren Pflichtübung, die einzig und allein dazu dient, uns selbst wieder mal an den Pranger zu stellen.

Und es *ist* möglich, mit einem Gefühl der Freude und Fülle – und nicht des Mangels – an die Sache heranzugehen.

Ich sage das nicht ohne Grund:

Im Jahre 1990 gab es ein Zusammentreffen zwischen dem Dalai Lama und einigen westlichen Wissenschaftlern und buddhistischen Lehrern in Dharamsala, Indien. Sharon Salzberg, eine bekannte buddhistische Lehrerin, stellte die Frage, wie sie ihren Schülern mit deren niedrigem Selbstwertgefühl helfen könnte. Die anderen westlichen Teilnehmer warteten gespannt auf die Antwort Seiner Heiligkeit, weil dieses Problem ja weit verbreitet war.

Der Dalai Lama wandte sich an seinen Übersetzer und bat ihn um eine Erklärung für den Begriff „niedriges Selbstwertgefühl", der im Tibetischen nicht existiert. Die beiden begannen ein langes, immer eindringlicher werdendes Gespräch. Schließlich gelang es dem Übersetzer, sich verständlich zu machen. Der Dalai Lama war verwundert: Er hatte noch nie von solch einem Zustand gehört. Er fragte die Teilnehmer, ob sie sicher seien, dass ihre Schüler und Patienten wirklich darunter litten, dass sie sich selbst nicht wirklich mochten. Man versicherte ihm, dass es so sei. Sie kannten das Problem von den Menschen, mit denen sie arbeiteten – und auch von sich selbst. Ungläubig zeigte er auf jeden Einzelnen und fragte: „Sie haben das? Und Sie auch?" Alle nickten. Der Dalai Lama schien schockiert.

Dann sagte er: „Wie können Sie sich selbst nicht mögen, wo Sie doch Buddha-Natur besitzen?"

Nach buddhistischer Denkweise ist Buddha-Natur das uns allen innewohnende Potenzial zur Erleuchtung. Dieses Potenzial ist allgegenwärtig, weil hinter all unserer Freude, unserem Kummer und unserer Verwirrtheit eine einzige Sache steckt: unser grundlegendes *Gutsein*. Gutsein bedeutet in diesem Zusammenhang einfach unsere angeborene Offenheit, Zartheit, der Wunsch zu lieben und geliebt zu werden. Ganz egal, was Ihnen im Laufe Ihres Lebens zugestoßen ist, das ist Ihr ursprüngliches Wesen.

Wenn wir uns selbst und unser Leben von diesem Standpunkt aus betrachten (dass wir im Grunde unseres Wesens offen, zart und liebevoll sind) statt mit einem Gefühl von Mangel, Versagen oder Festhaltenwollen, werden unsere Bemühungen köstliche Früchte tragen.

Lassen Sie uns also beginnen:

Die Suche nach Authentizität gehört zu unseren tiefsten und natürlichsten Bedürfnissen. Auch wenn ein authentisches Leben möglicherweise eine sinnvolle Tätigkeit, wunderbare Beziehungen, Gesundheit, Schönheit, ein tolles Haus und wissenschaftliche Errungenschaften beinhaltet, vermag nichts von alldem uns unser wahres Selbst zu enthüllen und uns ins Zentrum dessen zu befördern, wofür wir eigentlich bestimmt sind: unser authentisches Leben.

Wir leben dann authentisch, wenn zwischen unserer inneren Welt – unseren Gefühlen, Werten, Talenten, Bedürfnissen, Leidenschaften, unserer Spiritualität – und unserer äußeren Welt – unserem Job, unseren Beziehungen, unserem Zuhause und der Gemeinschaft, in der wir leben – Kongruenz herrscht.

Kongruenz. Das ist es.

Wenn wir authentisch leben, dann stehen inneres Leben und äußere Umstände im Dialog miteinander. Sie unterstützen und ergänzen einander. Das heißt nicht, dass Sie dann keine Sorgen, Konflikte oder Ängste mehr haben – aber Sie werden davon nicht mehr völlig aus der Bahn geworfen. Wenn Sie sich bewusst machen, dass Sie sich auf einem einzigartigen Weg befinden, wenn Sie wissen, was Sie zu bieten haben, wenn Sie die Menschen und Möglichkeiten in Ihrem Leben genießen, wenn Sie eine ehrliche, verlässliche Verbindung zu Ihrer inneren Weisheit haben, dann haben Sie Ihren Platz in dieser Welt mit all ihrer Verrücktheit, Freude und ihrem Kummer eingenommen. Diese Entdeckung macht ungeheuren Mut. Endlich haben wir einen Weg gefunden, unserer Arbeit, unseren Liebhabern, Freunden und Sehnsüchten, entspannt zu begegnen. Und dann können Probleme, auch schwerwiegende Probleme, bewältigt werden.

Um herauszufinden, was wir mit unserem Leben anfangen sollen, müssen wir zuerst feststellen, wer wir eigentlich sind. Ich habe mir selbst schon sehr früh in meinem Leben das Versprechen gegeben, genau das zu tun. Wie viele Stunden habe ich früher in Buchgeschäften verbracht, auf der Suche nach einem Buch, das mich Schritt für Schritt zu einer Antwort führen könnte.

Lange Zeit dachte ich, ich könnte ein befriedigendes Leben führen, indem ich einen Entwurf mit Maßnahmen erstelle, die meine Ziele und Anliegen unterstützen. Ich verbrachte Stunden damit, meine detaillierten Vorstellungen und Pläne zu visualisieren und niederzuschreiben. Aber dann passierten immer wieder seltsame Dinge. Meine Ziele veränderten sich. Meine Persönlichkeit und meine Werte entwickelten sich ständig weiter. Ein heiß ersehntes Ergebnis stellte sich ein, doch es präsentierte sich völlig anders als erwartet. Etwas, das ich mir vorgenommen hatte, misslang und dennoch passierte irgendetwas Cooles. Dinge, die mir eigentlich Freude machen sollten, taten es nicht. Irgendetwas durchkreuzte immer meine Pläne: Beziehungen kamen und gingen. Äußere Bedingungen veränderten sich und plötzlich konnte ich mich auf Fertigkeiten, die mir vorher völlig selbstverständlich erschienen waren, nicht mehr verlassen. Ungeahnte Talente kamen zum Vorschein und halfen mir, neue Herausforderungen zu meistern. Chancen ergaben sich und lösten sich wieder in Luft auf. Wahre Liebe fühlte sich mit diesem Mann so, und mit einem anderen plötzlich ganz anders an. Ich fand keine Antworten auf die großen Fragen des Lebens; aber plötzlich beschäftigten mich auch völlig andere Fragen. Ich musste feststellen, dass es unmöglich war, ein authentisches Leben zu schaffen, indem ich mir die perfekten Umstände ausdachte und dann versuchte, diese umzusetzen. So funktionierte es einfach nicht.

Nachdem ich fehlgeschlagene Pläne, ungeahnte Erfolge, neue Interessen, veränderte Wertvorstellungen und wechselnde Beziehungen durchlebt hatte, gelangte ich zu einem wesentlichen Schluss: Auf meine Vorstellungen darüber, was mich glücklich macht, konnte ich mich ganz und gar nicht verlassen. Ich hörte also auf zu planen. Ich hörte auf, Konzepte für meine berufliche Laufbahn zu entwerfen. Ich hörte auf, den für mich idealen Wohnort finden zu wollen. Ich hörte auf, davon auszugehen, dass nur ein bestimmter „Typ" Mann zu mir passen würde. Ich hörte auf, mir das Haus auszumalen, in dem ich einmal leben würde. All das schien mein Leben nur durcheinanderzubringen. Was mir hingegen half, ein gewisses Maß an Klarheit und Ausrichtung in mein Leben zu bringen, war meine Fähigkeit, im gegenwärtigen Augenblick voll und ganz anwesend zu sein, wahrzunehmen, wie ich mich jetzt gerade fühlte – wie die Menschen in meiner Umgebung sich fühlten, was mein Körper mir sagte, wie meine Beziehungen sich *heute* darstellten, was *heute* meine Aufgabe war. Wenn ich diese Haltung einnahm, passierte etwas Interessantes: Meine Erkenntnisse über mich, meine Beziehungen und die Vorgänge in meinem Leben wurden präziser. Ich traf klarere Entscheidungen, worin ich meine Zeit, meine

Energien, Fähigkeiten und Gefühle investieren wollte. Meine Intuition wurde merklich stärker. Ich entwickelte meine Fähigkeit, tiefer in mich hineinzuhören. Irgendwann, nachdem ich aufgegeben hatte, dem Sinn meines Lebens auf die Spur zu kommen, stellte ich fest, dass ich es stattdessen *lebte.* Ich wählte Beziehungen, die meinem Innenleben guttaten. Ich arbeitete an Projekten, die mir etwas bedeuteten und mit Menschen, die ich schätzte. Es boten sich reichlich Möglichkeiten, mein Können einzubringen. Meine Kreativität blühte auf. Mein Leben war authentisch geworden. Nicht meine Gedanken oder mein Wille hatten dieses Leben geschaffen, es offenbarte sich durch den steten Dialog mit mir selbst und mit der Welt, durch das offene Stellen von Fragen und die Bereitschaft, auf die Antworten, die sich zeigten, zu hören. Ich bin zu dem Schluss gekommen, dass es unmöglich ist, ein authentisches Leben zu *planen* – es ist nur möglich, authentisch zu *sein* und zu beobachten, wie unser authentisches Leben sich entfaltet.

Wir leben in einer Gesellschaft, die uns immer weniger lehrt, wie man sein Innenleben erwecken und authentisch sein kann. Unser eigenes Wesen, uns eigentlich so vertraut, ist für viele doch so unbegreiflich. Die meiste Zeit seiner Geschichte war der Mensch damit beschäftigt, seine Grundbedürfnisse zu befriedigen.

Für Gedanken über den eigenen Lebensweg blieb dem normalen Bürger da wenig Spielraum. Falls man sich in kontemplativen Momenten solche Fragen dennoch stellte, hatten religiöse oder spirituelle Glaubenslehren die Antworten parat.

In der heutigen Zeit suchen mehr Menschen denn je nach ihren eigenen Antworten auf die schwierigen Fragen des Lebens. Die Lebensentwürfe der Kirche, der Familie, der Gesellschaft und der Werbung stellen uns nicht länger zufrieden. Wir können uns nicht mehr an Quellen im Außen oder an irgendwelchen Institutionen orientieren, die uns vorgeben, wie man erwachsen wird, sich verliebt, seine Kinder großzieht oder einer sinnvollen Beschäftigung nachgeht. Es bleibt uns selbst überlassen, als Einzelne und zusammen mit denen, die uns nahestehen, unsere eigene Lebenssicht zu entwickeln. Nicht Religion, Kulturkreis, Gesellschaft oder Fernsehen tragen heutzutage die Verantwortung für die Wahl eines Lebensweges … wir selbst sind es.

Unsere Gesellschaft versucht, dieser Entwicklung entgegenzuwirken, indem sie auf die schwierigen Fragen des Lebens eine Vielzahl attraktiver, überzeugender und verlockender Antworten parat hat, die letzten Endes aber nutzlos sind. Wir lernen unsere Lektionen fürs Leben von Werbespots für Bier oder Kosmetikprodukte. Wir denken, unsere Lebensgeschichten sollten ablaufen wie im Kino oder in einer Fernsehserie, und viele von uns benehmen sich tatsächlich so, als ob sie laufend vor einer Kamera stünden – sie liefern eine Darbietung ab, statt ein dreidimensionales Leben zu leben. Das äußere Erscheinungsbild hat den Platz wahrer Gefühle und tiefer Bindungen eingenommen. Es ist nicht leicht, zwischen unseren eigenen Gedanken und denen von Fernsehkommentatoren und Experten zu unterscheiden. Uns fehlen die Antennen für das, was echt, einfach und für uns stimmig ist. Wie können wir abschalten und die Aufmerksamkeit auf unsere innere Stimme richten? Das wird unsere gemeinsame Arbeit sein.

Diese Arbeit beginnt mit Fragen. Fragen zu stellen kann ein heiliger Akt sein. Eine echte Frage setzt einen Dialog voraus, eine Verbindung zu der Quelle, aus der die Antworten kommen. Fragen zu stellen ist eine einfache und grundlegende Art, mit den Energien und Kräften in uns und um uns herum in Beziehung zu treten. Üblicherweise begegnen wir wichtigen Fragen, indem wir argumentieren, Erklärungen finden, uns beschweren, loben, kritisieren oder schimpfen, lamentieren oder um Abhilfe bitten. Wenn wir all das für einen Augenblick beiseitelassen und ganz einfach nur eine Frage stellen, offen und neugierig, dann entsteht eine Lücke, durch die die Antwort zu uns vordringen kann. Im eigentlichen Sinn ist Fragen zu stellen eine spirituelle Praxis. Wann immer wir innehalten, unseren Blick nach innen wenden und uns die Zeit nehmen, uns selbst aufmerksam zuzuhören, treten wir in einen Dialog mit Gott, mit unserer wahren Natur, unserer inneren Weisheit oder wie immer wir es nennen wollen.

Unsere innere Weisheit spricht eine eigene Sprache – eine Kombination aus Träumen, Zufällen, Leidenschaften, Widerwillen, Eingebungen und etwas sehr Machtvollem, das über all diese Dinge hinausgeht. Um diese Stimme verstehen zu können, müssen wir lernen, unsere inneren Muster zu erkennen. Diese vier wichtigen Qualitäten können uns dabei helfen:

1. Mut
2. Die Bereitschaft, zu fühlen
3. Konzentration
4. Die Fähigkeit, im gegenwärtigen Moment voll und ganz da zu sein

Mut

Mut ist die Bereitschaft, das loszulassen, was wir zu wissen glauben, um einen frischen Blick auf die Dinge zu werfen. Zumeist durchpflügen wir unsere Probleme und Anliegen im Glauben, die Antworten bereits zu kennen. Wenn nur alle anderen dieselben Antworten hätten, dann gäbe es ja kein Problem! Und doch führen diese „Antworten" immer wieder aufs Neue zu ähnlich schmerzlichen Situationen, in unserem Beziehungsleben, bei der Arbeit und zu Hause. Mit den *100 Fragen* fordere ich Sie dazu auf, Ihre gewohnheitsmäßigen Antworten für eine Weile beiseitezulegen und durch eine „Ich weiß nicht"-Einstellung zu ersetzen. Wir halten an unseren vorgefassten Meinungen fest, weil sie uns ein Gefühl der Ausrichtung und Identität vermitteln. Einfach loszulassen und echte Neugier zu entwickeln, erfordert großen Mut.

Die Bereitschaft, zu fühlen

Wenn wir beginnen, genau in uns hineinzuhören, können Dinge zutage treten, die aufregend, verwirrend, inspirierend, deprimierend oder unklar sind. Entscheidend ist, dass wir bereit sind, unsere Gefühle wahrzunehmen und zuzulassen. Meine eigentümlichsten Fehltritte passierten, wenn ich versuchte, meine Gefühle zu ignorieren, oder, noch schlimmer, wenn ich nicht einmal in der Lage war, sie zu erkennen. Gefühle sind nicht notwendigerweise die ultimative Orientierungshilfe für unser Handeln, aber sie sind doch Hinweise auf etwas, das wir über uns wissen sollten – insbesondere unangenehme Gefühle. Wenn wir nicht bereit sind, unangenehme Gefühle zuzulassen, dann setzt das oft üble Dinge in Gang: Wir diffamieren andere, unterwerfen uns, überarbeiten uns, fallen in eine Depression, isolieren uns, werden ängstlich, überfressen uns, werden wütend oder verharren in einer Bewegungslosigkeit – alles nur, weil wir nicht in der Lage sind, diese Gefühle einfach auszuhalten. Wenn wir versuchen, gewisse Gefühle zu vermeiden, verschleiern wir die Wahrheit, wir verschleiern, wer wir eigentlich sind und was tatsächlich vor sich geht. Die Fähigkeit, unangenehme Gefühle wahrzunehmen und zuzulassen, ist unglaublich wichtig bei der Suche nach einem authentischen Leben. Wenn es uns gelingt, aufmerksam zu sein, ohne voreilige Urteile zu fällen, wenn wir einfach bei dem bleiben, was uns erschreckt, wütend macht oder langweilt, dann lernen wir daraus.

Konzentration

Wenn wir versuchen, uns einzustimmen, sei es durch Meditation, einen Spaziergang, Tagebuchschreiben oder ein Gespräch mit einem engen Freund, dann stoßen wir zuallererst oft auf die Stimmen anderer. Eltern, Kollegen, Kameraden, selbst Filmfiguren und Songtexte eröffnen uns, wie das Leben aussehen sollte. Die meisten von uns können diese Stimmen kaum von unserer eigenen unterscheiden. Wenn wir vorsichtig hinhören und uns die Zeit nehmen, jede dieser Stimmen bis zu ihrem Ursprung zurückzuverfolgen, dann gelingt es fast immer, sie zu identifizieren. Das erfordert Konzentration, die Fähigkeit, zu fokussieren, mit den Gedanken, Gefühlen, Hoffnungen und Ängsten, die sich zeigen, zu arbeiten, festzustellen, woher sie kommen, wie sie beschaffen sind, wohin sie führen und worin ihr wahrer Wert liegt. Echte Konzentration macht uns zu wachen, geistesgegenwärtigen, präzisen Beobachtern.

Mut, die Bereitschaft, zu fühlen und Konzentration sind nicht so wirksam, wenn sie nur gelegentlich eingesetzt werden. Sie entfalten ihre beste Wirkung, wenn wir sie über einen längeren Zeitraum, am besten ständig, anwenden. Wenn es uns gelingt, uns uns selbst und anderen gegenüber zu öffnen, unsere Gedanken und Gefühle bewusst wahrzunehmen, und uns darauf zu konzentrieren, wie und wann sie auftauchen, dann entsteht ein Abstand zwischen Denken und Handeln. Dieser Abstand gibt uns die Möglichkeit, bewusst zu handeln, statt uns von alten Mustern beherrschen zu lassen. Gleichzeitig schafft er einen Raum, in dem unsere innere Weisheit den Platz alter Überzeugungen und Vorstellungen einnehmen kann. Dieser Raum wird dadurch geschaffen, dass wir einfach da sind und unseren eigenen Geist beobachten. Deshalb ist die vierte und wichtigste Fähigkeit, die wir brauchen, Aufmerksamkeit oder voll und ganz im Hier und Jetzt anwesend zu sein.

Die Fähigkeit, im gegenwärtigen Moment voll und ganz da zu sein

Meines Wissens gibt es nur einen verlässlichen Weg, um seine Aufmerksamkeit auf das Hier und Jetzt zu schulen, und das ist eine regelmäßige Achtsamkeitspraxis. Da wir nicht automatisch achtsam sind, müssen wir es üben. Da stehen verschiedene Methoden zur Auswahl: Meditation, Tagebuchschreiben, Walken, Yoga. Es ist ganz egal, wofür Sie sich entscheiden, solange Sie sich regelmäßig Zeit nehmen und konsequent bleiben. Und statt sich immer wieder vorzunehmen, doch endlich Mut, emotionales Durchhaltevermögen und Konzentration zu entwickeln, entstehen diese Eigenschaften durch Ihr beständiges Bemühen, voll und ganz anwesend zu sein, ganz von selbst. (Wenn Sie interessiert sind, eine Meditationspraxis zu erlernen und nicht wissen, wohin Sie sich wenden sollen: Ich biete auf meiner Website – auf Englisch – *www.susanpiver.com* die Möglichkeit, Mitglied im *Open Heart Project* zu werden. Sie erhalten dann kostenlos zwei Meditationsvideos pro Woche.)

Wenn wir den Mut haben, hinzuhören, die Bereitschaft, zu fühlen, die Fähigkeit, uns zu konzentrieren und voll und ganz anwesend zu sein, dann hat das erstaunliche Folgen: Unser authentisches Selbst kommt zum Vorschein. Und selbst wenn das, was wir da finden, eine Herausforderung für uns darstellt oder gar nicht dem entspricht, was wir erwartet haben – wenn wir authentischer leben, sind wir glaubhaft, unsere Beziehungen werden authentischer (wenn auch nicht notwendigerweise einfacher) und wir treffen berufliche und kreative Entscheidungen, die unseren wahren Gaben und Talenten Rechnung tragen.

Die folgenden *100 Fragen* dienen als Ausgangspunkt. Dieses Buch enthält einhundert Fragen über sieben wesentliche Bereiche des Lebens: (1) Familie, (2) Freundschaft, (3) Beziehungen, (4) Arbeit, (5) Geld, (6) Kreativität und (7) Spiritualität. Die Fragen sind Teil eines Prozesses, der Ihnen dabei helfen soll, herauszufinden, was in jedem dieser Bereiche funktioniert, was nicht und warum. Sie helfen Ihnen dabei, Ihr authentisches Selbst wirklich schätzen zu lernen und mit Hindernissen umzugehen. Durch die Auseinandersetzung mit diesen Fragen signalisieren Sie die Bereitschaft, mit sich selbst Freundschaft zu schließen und dieses mysteriöse, wunderbare, verrückte und einzigartige Wesen näher kennenzulernen.

Wie man die *100 Fragen* beantwortet

Alles, was Sie brauchen, sind die leeren Seiten dieses Buches oder Ihr Tagebuch oder Ihren Computer, was immer Ihnen am angenehmsten ist. Ich rate Ihnen, die Antworten aufzuschreiben. Wenn wir unsere Gedanken schwarz auf weiß festhalten, nimmt unsere innere Stimme konkrete Formen an. Das ist ein alchemistischer Prozess, der Klarheit schafft und unsere innere Weisheit zutage befördert.

Wenn Sie bereit sind, sich mit den *100 Fragen* auseinanderzusetzen, suchen Sie sich einen Ort, an dem Sie sich sicher fühlen und nicht gestört werden. Sie können alle Fragen auf einmal beantworten, oder einen Abschnitt nach dem anderen. Es gibt keinen Grund zur Eile. Setzen Sie sich an einen Ort, der friedlich und entspannend ist. Und minimieren Sie die Ablenkungen. Wenn Sie zu Hause sind, schalten Sie Telefon und Internet ab. Falls Sie mit einem Partner, Kindern oder Mitbewohnern leben, warten Sie, bis diese nicht zu Hause sind oder schlafen.

Darüber hinaus werden die Fragen selbst Sie durch den Prozess geleiten. Manche beantworten sich wie von selbst, andere werden Ihnen vielleicht schwerfallen oder unmöglich erscheinen. Das ist völlig in Ordnung. In jedem Fall lernen Sie etwas dabei. Die Fragen, für die Sie bereit sind, werden Sie ansprechen und wachrütteln. Andere Fragen kommen Ihnen vielleicht dumm oder unpassend vor. Dann ist es einfach der falsche Zeitpunkt. Versuchen Sie es ein anderes Mal wieder.

Machen Sie sich bewusst, dass sich Ihre Antworten auf die *100 Fragen* mit der Zeit verändern können. Eigentlich kann ich Ihnen versprechen, dass sie sich verändern werden. Die Suche nach unserem authentischen Leben ist keine Forscherexpedition, die wir nach der Entdeckung der Amazonasquelle für beendet erklären. Es handelt sich nicht um einen Ort, den man findet, um ihn dann ein für alle Mal als gegebene Tatsache in Raum und Zeit abzuhaken. Ein authentisches Leben zu führen, ist ein Prozess, bei dem Sie sich auf Ihre tatsächlichen Gedanken, Gefühle, Bedürfnisse und Einsichten in Echtzeit einstimmen, beobachten, wie sie auftauchen, sich verändern oder wieder verschwinden. Man kann sich diesen Fragen immer wieder von Neuem widmen, und möglicherweise jedes Mal zu neuen Einsichten gelangen. Wenn Sie überlegen, wie Sie eine Frage beantworten könnten, arbeiten Sie einfach mit Ihren Reaktionen, bis Sie zu einer Antwort gelangen, die Sie fürs Erste zufriedenstellt.

Und vergessen Sie nicht: Sobald Sie sich auf die Suche nach Ihrer inneren Weisheit gemacht haben, ist diese auch auf dem Weg zu Ihnen.

Behalten Sie Ihre Antworten für sich. Falls Sie das Bedürfnis haben, mit anderen darüber zu sprechen, dann nur mit Menschen, die diesem Prozess respektvoll gegenüberstehen. Vielleicht haben Sie ja auch Lust, sich mit einem engen Freund zusammen an dieses Unterfangen zu wagen und Ihre Antworten mit ihm oder ihr nach Lust und Laune zu teilen.

Sie sollten sich bei Ihren Antworten gedanklich weder in irgendwelchen möglichen oder unmöglichen Worst-Case-Szenarios noch in reinen Wunschvorstellungen verlieren. Das widerspricht der New-Age-Auffassung, dass man sich seine Zukunft herbeiwünschen kann, wenn es einem gelingt, stark genug an den ersehnten Bildern festzuhalten. Meiner Ansicht nach geht diese Annahme am Wesentlichen vorbei, denn unser Leben ist so viel mehr, als unser konventioneller Verstand erfassen kann. Wenn Sie sich ihm allein anvertrauen, dann verlieren Sie das aus dem Auge, was Sie sich – noch! – nicht vorstellen können. Statt also Ihren Ängsten und Hoffnungen die Antworten zu überlassen, versuchen Sie, auf Ihre innere Weisheit zu hören. Lassen Sie sich zu den Antworten führen.

Ich gehe davon aus, dass Sie bei Ihrer Arbeit mit den *100 Fragen* zur Einsicht gelangen, dass es bei einem authentischen Leben nicht darum geht, eine perfekte Formel zur Anwendung zu bringen (großartiger Job + tolle Wohnung + Lebenspartner = authentisches Leben), oder darum, irgendein Ergebnis zu visualisieren und dann daraufhin zu arbeiten. Es geht darum, von einem Augenblick zum anderen, voll und ganz anwesend zu sein – am besten jetzt gleich – und zu beobachten, wie Ihr authentisches Leben sich entfaltet. Mit großer Wahrscheinlichkeit wird es Ihre kühnsten Träume übertreffen.

Ich wünsche Ihnen unerschöpflichen Mut, die tiefe Bereitschaft, zu fühlen, kraftvolle

Konzentration und all die Gegenwärtigkeit, die Sie brauchen, um Ihr eigenes einzigartiges und großartiges Leben zu schaffen. Ich hoffe aufrichtig, dass diese Fragen Ihnen dabei behilflich sind.

1

Familie

Es erscheint mir sinnvoll, mit den Fragen über die Familie zu beginnen. Schließlich gibt es einen guten Grund, warum Ahnentafeln im Allgemeinen als *Stammbaum* bezeichnet werden. Wir sind alle tief in unserer Familie verwurzelt. Unsere Familiengeschichte und unsere zwischenmenschlichen Beziehungen sind für die meisten von uns die Erde, der wir entsprangen, und der Boden, der uns trägt. Im Allgemeinen erscheint uns das so selbstverständlich, dass wir nicht viele Gedanken an unser Wurzelsystem verschwenden – bis, aus welchem Grund auch immer, dieser Boden uns nicht mehr nährt oder wir uns von ihm eingeengt fühlen.

Deswegen betreffen Fragen über unsere Familien auch immer uns selbst. Selbst wenn wir bereits längste Zeit alleine leben und der Meinung sind, uns völlig von ihr entfernt zu haben, Rhythmus, Werte und psychologische Gewohnheiten unserer Ursprungsfamilie haben ihren Abdruck auf jeder einzelnen unserer Zellen hinterlassen, ob wir uns nun dessen bewusst sind oder nicht. Wie oft haben wir gehört: „Du klingst genau wie deine Mutter" oder „Das hätte dein Vater auch gemeint". Gefällt es Ihnen, wenn jemand so etwas sagt? Überrascht es Sie? Bestreiten Sie es? In jedem Fall sagt Ihre Reaktion etwas über Ihr Verhältnis zu dem jeweiligen Familienmitglied aus.

Viele von uns haben ihre Ursprungsfamilie betreffend offene Fragen – manche versuchen wir, bewusst oder unbewusst, im Rahmen unserer verschiedenen bestehenden Beziehungen zu lösen. So werden gewissen Familienmitgliedern oft bestimmte Rollen zugeteilt – der Verantwortliche, der Kreative, die Hübsche, um nur einige zu nennen –, und diese Rollen beeinflussen auf die eine oder andere Weise die Rollen, die wir in Beziehungen zu anderen Menschen in unserem Leben spielen. Sich einmal ganz bewusst mit diesen Themen auseinanderzusetzen, hilft uns vielleicht zu verstehen, inwiefern unsere Beziehungen und andere Bereiche unseres Lebens auch heute noch davon beeinflusst werden.

Familienbande – und daher auch familiäre Probleme – beschränken sich jedoch nicht auf die Familie, in der wir aufgewachsen sind. Als Erwachsene erweitern wir unsere Familie, wir heiraten und bekommen eigene Kinder, unser Familienbaum bekommt neue Äste. Und wahrscheinlich gründen wir auch die unterschiedlichsten Ersatzfamilien unter Freunden, Arbeitskollegen, in spirituellen oder religiösen Gruppierungen, bei gemeinsamen sportlichen Aktivitäten, Hobbys oder kreativen Unternehmungen. Jede dieser Familien verschafft uns auf ihre Art ein Gefühl der Gemeinschaft und Zugehörigkeit, im besten Fall unterstützen und nähren sie uns.

1.

Wer zählt für mich zu meiner Familie? Zu wie vielen Familien fühle ich mich zugehörig? Listen Sie alle Personen auf, die für Sie zu ihrer Familie gehören – sei es nun ihre Ursprungsfamilie, die durch Eheschließung entstandene Familie, die Familie, die Sie vielleicht bald gründen werden oder andere „Wahlfamilien".

2.

Betrachten Sie jeden Einzelnen auf dieser Liste und fragen Sie sich: Was liebe ich an diesem Menschen? Was bewundere ich an ihm?

3.

Was stört mich an ihm?

4.

Sollte ich in Bezug auf die zusammen verbrachte Zeit oder die Intensität der Beziehung mit dem jeweiligen Familienmitglied irgendwelche Veränderungen vornehmen?

5.

Falls ich vorhabe, eine eigene Familie zu gründen (oder bereits eine habe), möchte ich, dass sie meiner Ursprungsfamilie ähnelt? Inwiefern?

6.

Was sollte anders sein?

7.

Welche Werte wurden mir von meiner Ursprungsfamilie mitgegeben? Die drei nützlichsten?

8.

Die drei am wenigsten hilfreichen?

9.

Wo zeigen sich diese Werte in meinem heutigen Leben (falls zutreffend), in meiner jetzigen Familie, bei meinen freundschaftlichen und intimen Beziehungen?

10.

Welche Konflikte gibt es in meinem unmittelbaren familiären Umfeld? Gibt es irgendeine Möglichkeit, sie zu lösen?

11.

Gibt es irgendjemanden, dem ich verzeihen sollte? Wenn ja, wofür? Sollte ich ein Gespräch führen, einen Brief schreiben oder meine innere Einstellung ändern, damit der Heilungsprozess einsetzen kann?

12.

Falls ich verheiratet bin oder in einer festen Beziehung lebe, empfinde ich meinen Partner als Teil meiner Familie? Wenn ja, was in unserer Beziehung vermittelt mir dieses Familiengefühl? Wenn nicht, warum? Kann ich irgendetwas tun, um unser Familiengefühl zu verstärken?

13.

Sehne ich mich nach etwas, das meine Familie mir nicht geben konnte? Wonach? Welche Wunden trage ich aus meiner Kindheit mit mir? Wie empfinde ich sie jetzt?

14.

Was kann ich tun, um meine Familien und die Menschen, die ich liebe, zu feiern und ihnen Aufmerksamkeit und Wertschätzung zukommen zu lassen?

2

Freundschaften

Wir alle meinen zu wissen, was das Wort „Freundschaft“ bedeutet. Wir können eine Reihe von Menschen aufzählen, die wir als Freunde bezeichnen. Und ich bin sicher, wir erinnern uns alle, wie groß unsere Freude als Kinder war, wenn jemand unser Freund sein wollte. Und wie traurig und fassungslos es uns machte, wenn er es nicht mehr sein wollte.

Die meisten unserer Beziehungen – ob familiärer oder kollegialer Art – sind nicht rein freiwilliger Natur. Wir sind gezwungen, einen Weg zu finden, damit sie funktionieren. Bei unseren Freundschaften ist es anders, da haben wir fast immer die Wahl. Einige

Freundschaften geben uns Kraft. Andere machen einfach Spaß. Und manche sind Gift für uns.

Schon in unserer Kindheit machen die meisten von uns die Erfahrung, dass Freundschaften große Freude, aber auch großes Leid mit sich bringen können. Ich erinnere mich, wie ich es als Teenager kaum erwarten konnte, nach Hause zu kommen, um meine beste Freundin anzurufen, ungeachtet der Tatsache, dass ich gerade den ganzen Tag mit ihr verbracht hatte. Unsere Telefonate dauerten Stunden, wir lachten, jammerten gemeinsam und vertrauten uns unsere Träume an. Unsere Verbindung war unglaublich kostbar für mich. Die meisten von uns sehnen sich auch als Erwachsene nach enger Freundschaft, doch die Gelegenheiten, solche Freundschaften zu schließen, scheinen spärlicher zu werden. Es fällt uns nicht mehr so leicht, Freundschaften zu schließen, und es erfordert größere Anstrengung und Aufmerksamkeit, sie aufrechtzuerhalten.

Manchmal sehnen wir uns so sehr danach, zu einer bestimmten Gruppe zu gehören oder einen bestimmten Menschen zu unseren Freunden zählen zu können, dass wir dafür unsere Werte infrage stellen oder unsere Meinung nicht mehr aufrichtig zum Ausdruck bringen. Wir verstecken uns. Solche Freundschaften können sehr schmerzlich sein. Vielleicht helfen Ihnen die *100 Fragen* dabei, zu erkennen, ob Sie Ihr wahres Selbst im Namen einer fragwürdigen Freundschaft verbergen.

Freundschaften können ein wertvolles Hilfsmittel sein, wenn es darum geht, ein authentisches Leben zu führen, vielleicht sogar das wertvollste überhaupt. Freunde unterstützen uns, sie stehen hinter uns, selbst dann, wenn gerade alles schief läuft. Sie spenden Trost und begleiten uns. Und, was vielleicht das Wichtigste ist, sie sagen offen ihre Meinung, wenn wir sie danach fragen, und helfen uns so, aufrichtig zu uns selbst zu sein. Manche Freunde versuchen, uns von unseren Zielen abzubringen, sie sehen es nicht gerne, wenn wir uns verändern – möglicherweise, weil sie Angst davor haben, zurückgelassen zu werden.

Die Fragen in diesem Kapitel beschäftigen sich damit, was es bedeutet, ein Freund, ein wahrer Freund, zu sein. Sie helfen Ihnen, zu erkennen, ob jemand, den Sie zu Ihren Freunden zählen, vielleicht nicht Ihr bestes Interesse im Auge hat und ob wir selbst ein so guter Freund sind, wie wir es von anderen erwarten.

15.

Wen zähle ich zu meinen engsten Freunden? Was liebe ich an jedem von ihnen? Auf welche Weise haben sie mein Leben bereichert?

16.

Was habe ich meiner Meinung nach zu ihrem Leben beigetragen?

17.

Gibt es unter den Menschen, die ich zu meinen Freunden zähle, jemanden, dessen Zuneigung und Loyalität fragwürdig ist? Was könnte mein Grund sein, an so einer Freundschaft festzuhalten?

18.

Bin ich zufrieden mit dem Freundeskreis, den ich habe, oder würde ich ihn gerne erweitern? (Manche Menschen brauchen viele Freunde, vielleicht um eine breite Palette an Bedürfnissen zu befriedigen, während andere mit einigen wenigen engen, freundschaftlichen Beziehungen durchaus zufrieden sind. Zu welcher Gruppe gehöre ich?)

19.

In welchen Lebensbereichen wünsche ich mir mehr Freundschaften – in meiner Freizeit, bei der Arbeit oder bei bestimmten Hobbys und Interessen?

20.

Was sind die drei wichtigsten Eigenschaften eines Freundes?

21.

Besitze ich diese Eigenschaften?

22.

Was schätzen meine guten Freunde meiner Meinung nach an mir?

23.

Würden meine Freunde sagen, dass ich ihnen ein so guter Freund bin, wie sie mir? Was macht mich dazu? Werde ich selbst meinen Anforderungen an einen guten Freund gerecht?

24.

Gibt es Eigenschaften, die meine Freunde nicht genügend an mir schätzen? Was sollten meine Freunde über mich wissen? Was sollten sie mehr an mir schätzen?

25.

Falls ich erkannt habe, dass bestimmte Menschen, die ich zu meinen Freunden zähle, mich nicht wirklich so schätzen, wie ich bin, oder immer wieder von mir verlangen, dass ich mich verbiege – was kann ich tun, um die emotionale und psychische Belastung, die sie in meinem Leben darstellen, so gering wie möglich zu halten?

26.

Wie kann ich meinen Freunden meine Liebe deutlicher zeigen?

27.

Kenne ich die Geburtstage, Jubiläen etc. meiner Freunde? Wie könnte ich diese Anlässe mit ihnen feiern?

28.

Falls Ihnen der Gedanke gefällt, schreiben Sie einen Brief an einen bestimmten Freund, danken Sie ihm dafür, dass er so ein wunderbarer Mensch ist. Gehen Sie ins Detail. Drücken Sie Ihre Wertschätzung aus.

3

Liebesbeziehungen

Die meisten Menschen wollen in einer beständigen Liebesbeziehung leben. Auf der Suche nach jemandem, den wir lieben können, investieren wir viel Zeit und Energie – dabei sind Fehltritte fast unvermeidlich. Als ich jünger war, malte ich mir meinen Liebsten in den leuchtendsten Farben aus: wie er aussehen würde, seine Interessen und Begabungen, wie es sich anfühlen würde, von ihm geliebt zu werden … Einige meiner Vorstellungen entsprangen tiefen inneren Bedürfnissen, andere irgendwelchen Liedern, Filmen oder Büchern, aber irgendwie formte ich aus diesem Sammelsurium unterschiedlichsten Ursprungs das Bild des Menschen, den ich lieben könnte.

Als ich mich dann in den Mann verliebte, der mein Lebenspartner werden sollte, hatte dieser Mann nur sehr wenig mit dem Traummann meiner Vorstellungen gemein. Genau genommen begann der Mann meiner Vorstellungen, mir irgendwann im Weg zu stehen, und ich musste ihn entsorgen, um mich ganz auf diese wahrhaftige Liebesbeziehung einlassen zu können. Diese Erkenntnis brachte mich einen großen Schritt weiter: Selbst wenn wir überzeugt sind, uns selbst gut zu kennen, und genau wissen, wonach wir suchen – die Liebe hält immer wieder Überraschungen bereit, sie wirft alles über den Haufen und versetzt uns ganz unverhofft in Verzückung oder in Schrecken.

Unsere Vorstellungen, Fantasien und Projektionen davon, wie unser Leben aussehen *sollte,* sind in Wahrheit die größten Stolpersteine für ein authentisches Leben und Lieben. Wir glauben, das Leben sollte unseren Vorstellungen entsprechen und heben uns die machtvollsten Illusionen für diejenigen auf, die wir am innigsten lieben. Je mehr wir also lieben, je mehr wir uns an jemanden binden, je mehr wir in einen Menschen investieren, desto eher erwarten wir, dass dieser Mensch unseren Vorstellungen davon, wie ein Partner auszusehen, zu empfinden und sich zu verhalten habe, entspricht. Die meisten Menschen mögen das nicht …

Es bedarf großer Anstrengungen, unseren Partner und unsere Vorstellungen davon, wie unser Partner sein *sollte,* auseinanderzuhalten, aber diese Erwartungen loszulassen ist tatsächlich der erste Schritt zu authentischer Intimität.

Im Gegenzug dazu bedarf es auch großer Anstrengung, zu erkennen, dass man sein Herz geöffnet und seine Erwartungen losgelassen hat, um jemandem all seine Liebe zu geben – aber dass dieser Mensch einfach nicht der Richtige für uns ist. Dass es Zeit ist, loszulassen.

Ich hoffe, die *100 Fragen* helfen Ihnen dabei, zu erkennen, welche Fantasien Sie von der Liebe und Ihrem Liebsten haben und wie der Vergleich mit der Realität ausfällt. Den Partner von unseren Projektionen – wie oder wer er oder sie sein sollte – zu erlösen, und ihn so zu lieben, wie er ist, ist ein spiritueller Akt. Er verlangt enormen Mut, echte Bereitschaft, zu fühlen, und die Fähigkeit, im gegenwärtigen Moment anwesend zu sein. Nicht weniger Mut und Geistesgegenwart braucht man, um sich von den falschen Beziehungen zu befreien, ganz egal, aus welchem Grund. Und ob es angebracht ist, sich weiter zu bemühen oder an der Zeit, zu gehen, das ist mit Sicherheit keine leichte Entscheidung.

Dabei ist unser wichtigster Verbündeter auf dieser Forschungsreise der Vorgang des Sichverliebens selbst.

Sich zu verlieben ist eine Erfahrung voll Transzendenz und Entzücken. Nichts birgt solche Kraft zur Veränderung und zeigt gleichzeitig auf, dass wir so viel mehr sind, als wir je dachten, dass unser Leben reicher, intensiver und wunderbarer sein kann, als wir es je erträumten. Und doch ist das nicht *alles*. Eigentlich ist es erst der erste Schritt.

Sich zu verlieben ist, ohne Frage, fantastisch. Wenn wir uns verlieben, versinken wir in einer machtvollen Kontemplation unseres Geliebten. Jeder einzelne unserer Gedanken, jeder Atemzug, jeder Blick und jeder Traum gilt ihm oder ihr. Aber dieser Ausnahmezustand ist von Natur aus vergänglich und irgendwann, wenn unser kontemplativer Rückzug ein Ende nimmt, müssen wir einen Weg finden, mit unserer Beziehung in die Welt der Arbeit, des Essens, der Freizeit und unserer anderen Beziehungen – Familie, Freunde, Kollegen usw. – zurückzukehren. Die abendlichen Verabredungen mit unserem Liebsten mögen uns in den siebten Himmel befördern, und doch sieht es bei alltäglichen Fragen – Familienfeierlichkeiten, gemeinsame oder getrennte Konten, Kinderwunsch – möglicherweise ganz anders aus.

Sich zu verlieben und ein gemeinsames Leben zu führen, das beiden gefällt, sind zwei völlig verschiedene Dinge. Die meisten von uns glauben, dass das eine zwangsläufig das andere mit sich bringt. Dem ist jedoch leider ganz und gar nicht so. Die meisten von uns tendieren zu einem *oder* dem anderen: Entweder wir suchen immer wieder den Reiz des Verliebtseins und halten diese Phase für die Liebe selbst. Wenn sie dann vorübergeht, glauben wir, die Liebe sei gegangen. Oder wir halten Verliebtsein für ein notwendiges Mittel, um zu dem Leben zu gelangen, nach dem wir uns sehnen: ein Heim, eine Familie, eine Gemeinschaft. Was Beziehungen angeht, gibt es kein Richtig oder Falsch. Es gibt nur einen Fehler, den Sie machen können: sich ohne ein Mindestmaß an Selbstkenntnis und Achtsamkeit auf eine Beziehung einzulassen. Denn das verursacht grenzenloses Leiden.

Die nachfolgenden Fragen helfen Ihnen, sich darüber klar zu werden, was Sie von der Liebe erwarten, wie zufrieden oder unzufrieden Sie mit Ihrer gegenwärtigen Situation sind (ob Sie sich nun gerade in einer Beziehung befinden oder nicht), welche Phase einer Beziehung Ihnen am meisten zusagt, worin Ihre Stärken als Liebender sind und wo Sie noch Nachholbedarf haben.

Viele von uns scheinen sich immer wieder in ähnliche Beziehungsmuster zu begeben. Falls es so ein Muster in Ihrem Leben gibt, dann könnten die nun folgenden Fragen Sie dabei unterstützen, ungesunde Muster und deren Auswirkungen auf Ihre Beziehungen zu erkennen.

Anmerkung: Sollten Fragen über eine „jetzige Beziehung" auf Sie nicht zutreffen, können Sie gerne an Ihre letzte wichtige Beziehung zurückdenken und die Fragen darauf bezogen beantworten.

29.

Wenn ich überlege, was mir wirklich wichtig ist, welchen Stellenwert hat mein Bedürfnis nach einer Liebesbeziehung? Steht es an erster Stelle – gehört es zu den wichtigsten Dingen in meinem Leben?

30.

Bin ich mit dem Ausmaß an Nähe und Intimität in meinem Leben im Moment zufrieden? Erfahre ich emotionale, sexuelle oder spirituelle Intimität mit einem oder mehreren Menschen, egal, ob ich gerade eine feste Beziehung habe oder nicht?

31.

Was wünsche ich mir am meisten in meinen Liebesbeziehungen? Emotionale Unterstützung? Begehren? Freundschaft? Spirituelle Verbindung? Intellektuellen Austausch? Ähnliche Lebensweise und Wertvorstellungen? Gemeinsame Interessen?

32.

Falls ich mich gerade in einer Beziehung befinde, haben die Dinge, die mir am wichtigsten sind, Platz in dieser Beziehung? Wenn ja, wie kann ich meine Wertschätzung darüber zum Ausdruck bringen? Wenn nein, welche Erklärung habe ich dafür?

33.

Wenn ich sage (oder gesagt habe), ich möchte mich verlieben, was genau meine ich damit? Wonach suche ich wirklich?

34.

Wie fühlt es sich an, geliebt zu werden?

35.

Wie fühlt es sich an, zu lieben?

36.

Habe ich schmerzvolle Muster in meinen Beziehungen bemerkt? Beschreiben Sie, wie Ihre wichtigsten Beziehungen endeten. Gab es Parallelen – Unterschiede in diesen Beziehungen? In der Art, wie sie endeten?

37.

Bin ich meist derjenige, der geht oder werde ich meistens verlassen?

38.

Was bringe ich in eine Beziehung ein? Was sind meine besten Eigenschaften? Bin ich zum Beispiel verständnisvoll, leidenschaftlich, vertrauenswürdig, gebe ich gerne, unterstütze ich meinen Partner, kann man mit mir Spaß haben? Nennen Sie all Ihre großartigen Eigenschaften. Seien Sie konkret. Loben Sie sich selbst!

39.

Wo liegen meine Defizite, was Beziehungen betrifft? Bin ich eifersüchtig, klammernd, egoistisch, zu vereinnahmend, unzuverlässig, exzentrisch, ängstlich? Bin ich bereit an diesen Dingen zu arbeiten und falls ja, weiß ich wie?

40.

Falls ich momentan eine Beziehung führe, welche meiner Eigenschaften schätzt mein Partner am meisten? Was liebt er an mir? Sind das dieselben Eigenschaften, die ich erkannt habe? Was kritisiert er an mir? Sind das dieselben Dinge, die ich als Defizite erkannt habe?

41.

Liebt er oder sie mich wirklich so, wie ich bin? Wie ehrlich können wir miteinander sein?

42.

Welche Eigenschaften schätze ich an meinem Partner am meisten? Welche Eigenschaften mag ich nicht? Weiß mein Partner, was ich an ihm über alles liebe und was ich nicht mag?

43.

Fehlt mir etwas in dieser Beziehung – eine spirituelle Komponente, Freiraum, gemeinsame Interessen, eine feste Bindung, Kinder, einfach Spaß zu haben? Habe ich diese Dinge mit meinem Partner besprochen?

44.

Was fehlt meinem Partner? Bin ich bereit, darüber zu reden? Haben wir irgendeine Idee, wie man diese Bedürfnisse erfüllen könnte?

45.

Was ist bisher in unserer Beziehung ungesagt geblieben? Worum kann ich ihn oder sie *nicht* bitten? Gibt es einen emotionalen, spirituellen, körperlichen oder praktischen Aspekt in unserer Beziehung, den ich gerne näher erschließen würde, mich aber nicht traue, ihn anzusprechen? Welche Umstände würden mir genug Sicherheit geben, um das, was ich will oder brauche, zu bitten?

46.

Gibt es ähnlich Probleme, die in einer Beziehung nach der anderen auftauchen? Hab ich herausgefunden, welche Probleme das sind? Stellen sie in meiner jetzigen Beziehung ein Problem dar?

47.

Gibt es eine vergangene Beziehung, die mich noch verfolgt? Die mich immer noch betrifft oder der ich mich immer noch verbunden fühle? Bin ich bereit loszulassen?

48.

Welche Art von Beziehung wünsche ich mir (mit meinem jetzigen Partner oder einem anderen) in einem Jahr? In fünf Jahren? In fünfundzwanzig Jahren? Nehmen Sie sich Zeit, stellen Sie sich die verschiedenen Stadien dieser Beziehung vor und beschreiben Sie, was Sie sehen.

4

Arbeit

Wenn Sie mit Ihrer Arbeit rundum zufrieden sind, wenn Sie Ihre Träume und Ziele darin verwirklicht sehen und zudem noch ausreichend entlohnt werden, dann können Sie sich wirklich glücklich schätzen. Sollte das nicht der Fall sein, heißt das nicht, dass Sie diese Dinge nicht erreichen können. Vielleicht kann ich mit den Fragen in diesem Kapitel ein wenig dazu beitragen, dass auch Sie sich irgendwann zu dieser glücklichen Runde zählen.

Für die meisten von uns sind Arbeit und Geld untrennbar miteinander verbunden. Wir versuchen, ein ganzes Berufsleben lang genug Geld zu verdienen, um ein befriedigendes Auskommen zu haben. Ist uns das einmal gelungen, wollen wir diesen Status mit allen Mitteln aufrechterhalten. Wir werden abhängig von unserem Gehalt, den Titeln und dem Ansehen, das unsere Position in den Augen unserer Familie und unserer Gemeinschaft mit sich bringt. Oft bleiben wir bei einem Job, selbst wenn wir genau wissen, dass er uns nicht gut tut und uns unglücklich macht, einfach weil wir Angst haben, das Gehalt oder unser Image aufzugeben. Solche Ängste sind vollkommen verständlich und ich rate Ihnen nicht, das, was Sie haben, wegzuwerfen, um Ihren Träumen nachzujagen. Ich rate Ihnen auch nicht, es nicht zu tun. Ich lege Ihnen einfach nahe, in sich selbst hineinzuhören, um herauszufinden, wo Sie stehen. Das ist das Wichtigste. Wenn Sie nicht wissen, wo Sie stehen, ist es schwierig, Kurs auf Ihren Bestimmungsort zu nehmen.

Ich arbeitete viele Jahre lang im Musikgeschäft als Führungskraft bei verschiedenen Plattenlabels. Mein letzter Job in dieser Branche hätte eigentlich mein „Traumjob" sein sollen. Man holte mich, um bei einer bereits existierenden Plattenfirma ein völlig neues Label für den Themenbereich Spiritualität und Wellness aufzubauen. Das schien wie gemacht für mich – endlich konnte ich mein spirituelles Leben und meine beruflichen Fähigkeiten verbinden. Die Firma war gut aufgestellt und schien Wertmaßstäbe wie Mitgefühl, respektvollen, unterstützenden Umgang und

Sinnhaftigkeit zu ihren Grundsätzen zu zählen. Das Gehalt, das man mir anbot, lag erheblich über dem, was ich bis dahin verdient hatte. Perfekt, nicht wahr?

Nein.

Ich weiß noch genau, wie ich eines Tages von einer Besprechung mit einem der führenden spirituellen Autoren der Welt zurückkam. Wir arbeiteten zusammen an einem Projekt, einer Kombination eines seiner Bücher mit Musik. Ich beeilte mich, denn ich wollte nicht zu spät zu einem Termin mit meinem Chef kommen, bei dem sämtliche finanzielle und rechtliche Fragen eines anderen, äußerst wichtigen Vertrags erörtert werden sollten. Doch bedauerlicherweise war er nicht da. Er hatte auch keine Nachricht hinterlassen. Wie sich herausstellte, hatte er den Deal bereits abgeschlossen, ohne mich, wie ausgemacht, in irgendeiner Weise miteinzubeziehen. Er war einfach essen gegangen. Ich sollte alle mit dem Deal verbundenen Geschäfte abwickeln, obwohl man mich bei seinem Zustandekommen einfach übergangen hatte. Ich fühlte mich ernüchtert und hintergangen. Auf dem Weg zurück in mein Büro wurde mir schlagartig bewusst, wie wenig das Image, das man in dieser Firma pflegte, mit dem gemein hatte, wie man hier tatsächlich miteinander umging.

Beleidigungen, Intrigen, Machtspiele, persönliche Konflikte und Verunsicherung in Bezug auf unseren Stellenwert in der Firma sind im Berufsleben keine Seltenheit. Kommt es in unseren privaten Beziehungen zu ähnlichen Problemen, dann stehen uns reichlich Bücher, Selbsthilfegruppen und Therapeuten mit Rat und Tat zur Seite. Man ermutigt uns, den Schwierigkeiten bewusst zu begegnen, auf unsere Gefühle zu hören, unsere Bedürfnisse auszudrücken und auf einem respektvollen, aufrichtigen Umgang zu bestehen. Bei vergleichbaren Situationen im Berufsleben scheint es oft aussichtslos, eine für beide Seiten gesunde und vertretbare Lösung zu finden, ohne dabei unseren Arbeitsplatz zu gefährden. Wir tolerieren Verhaltensweisen, die wir in unserem Privatleben nie und nimmer hinnehmen würden – wahrscheinlich, weil unsere Arbeit so unmittelbar mit dem nackten Überleben und unserem Selbstbild verbunden ist. Das Gefühl, unser ganzes Leben würde ohne geregelte Arbeit und Einkommen augenblicklich ins Wanken geraten (ganz egal, ob das nun den Tatsachen entspricht oder nicht), bringt uns nicht nur dazu, einen Job zu behalten, der aufreibend ist und uns nicht erfüllt, es hält uns auch davon ab, in Bezug auf unsere Arbeit, unsere Kollegen, ja selbst unsere Ziele, ehrlich zu uns selbst zu sein. Mir ist aufgefallen – sowohl bei mir als auch bei meinen Freunden –, dass wir in unserem Berufsleben wesentlich eher bereit sind, über unsere Werte, Prioritäten und Bedürfnisse hinwegzusehen, als in irgendeinem anderen Lebensbereich. Die Fragen in diesem Kapitel können Ihnen helfen, einen aufrichtigen Blick darauf zu werfen, inwiefern Ihre derzeitige Arbeitssituation Ihren Werten, Prioritäten und Zielen gerecht wird, oder nicht.

Abgesehen von Geld und Status ist da noch die wesentlich grundlegendere Frage, ob Sie sich jemals ernsthaft darüber Gedanken gemacht haben, welche Art von Arbeit Sie *gerne* machen würden. Vielleicht sind Sie gleich nach der Schule rein zufällig in Ihrem Job gelandet, Sie haben einfach die Gelegenheit ergriffen und sich nie wirklich mit den eigenen Zielen und Bedürfnissen auseinandergesetzt. Möglicherweise sind Sie sich zwar bewusst, dass Ihr jetziger Job Sie nicht wirklich erfüllt, haben aber keine Ahnung, *was* Sie eigentlich machen wollen. Ich selbst kenne diese unspezifische Sehnsucht, den kraftvollen Wunsch, mich einer Tätigkeit zu widmen, für die ich mich bestimmt fühle, bei der ich meine Talente und Fähigkeiten nutzen und weiterentwickeln kann. Eine Beschäftigung, die anderen Menschen zugutekommt. Ich wusste nur einfach nicht, was für eine Arbeit das sein könnte. „Sag mir, was ich mit meinem Leben anfangen soll“, habe ich oft gebetet, „denn dann bin ich bereit, alles zu geben, was ich kann.“ Die Fragen über unsere Arbeit dienen als Ausgangspunkt für eine Auseinandersetzung mit dem Thema Berufsweg und Bestimmung.

Bevor Sie beginnen, bitte ich Sie, sich einen Moment Zeit zu nehmen, um Ihren Zielen, Wünschen und Erwartungen einmal genau *nachzuspüren.* Wir gestatten uns oft nicht, unsere Sehnsüchte und Begabungen in all ihrer Fülle zu spüren – es ist uns peinlich oder macht uns Angst. Lassen Sie es zu und erinnern Sie sich daran, was Sie gespürt haben, während Sie die Fragen beantworten.

49

Welche Arbeit würde ich gerne machen, wenn Geld kein Thema wäre?

50.

Kann ich meine beruflichen Wertvorstellungen und Ziele klar benennen? Wenn ja, welche sind es? Schreiben Sie sie auf. Falls Sie nur eine vage Vorstellung haben, schreiben Sie sie auch auf.

51.

Wo liegen meine Begabungen und Fähigkeiten? (Keine falsche Bescheidenheit bitte!) Kann ich ihnen Ausdruck verleihen oder habe ich Angst davor? Was wären die Folgen, wenn ich einen Weg fände, meinen Fähigkeiten und Talenten Ausdruck zu verleihen?

52.

Inwieweit wird meine momentane berufliche Tätigkeit meinen Werten, Sehnsüchten und Zielen gerecht? Besteht zwischen meinen Job und diesen Idealen eine Verbindung?

53.

Falls ich mit meiner beruflichen Laufbahn im Großen und Ganzen zufrieden bin, aber dennoch das Gefühl habe, mich nicht in dem Maße verwirklichen und weiterentwickeln zu können, wie ich es gerne hätte, lässt sich diese Situation verbessern? Wie?

54.

Wie sehen mich meine Kollegen? Wie möchte ich von ihnen gesehen werden?

55.

Wie sieht mich mein Chef? Wie möchte ich von ihm oder ihr gesehen und behandelt werden? Welches Angebot hätte ich gerne von ihm?

56.

Falls ich keine Möglichkeit sehe (oder kein Bedürfnis habe), meine jetzige Arbeit mit meinen Wertvorstellungen, Zielen und Sehnsüchten in Einklang zu bringen, gäbe es diese Möglichkeit vielleicht unter anderen Umständen? Wie müssten diese Gegebenheiten aussehen? Weiß ich von solch einer Arbeitsstelle? Kenne ich jemanden, der so einen Job hat? Könnte ich von einem Gespräch mit ihm profitieren?

57.

Halte ich mich für jemanden, der am besten alleine arbeitet? Oder in einem Team? Innerhalb einer klaren Hierarchie?

58.

Wie sieht meine bevorzugte Arbeitsatmosphäre aus? Arbeite ich am liebsten in ruhiger Umgebung und alleine? Oder als Teil einer lebhaften, dynamischen Gruppe?

59.

Wie kann ich meine Fähigkeiten am besten zum Einsatz bringen: als Vorgesetzter, als wichtiges Mitglied eines Teams oder als Einzelkämpfer?

60.

Welches sind meine besten Fähigkeiten am Arbeitsplatz?
Worin bin ich wirklich umwerfend?

61.

Welche Fähigkeiten fehlen mir? Gibt es einen Weg, die Fähigkeiten zu erwerben, die mich meinen Zielen näher bringen?

62.

Habe ich berufliche Vorbilder? Wer sind sie? Wessen berufliche Laufbahn dient mir als Vorbild? Warum?

63.

Welche meiner Kollegen, Freunde oder Familienmitglieder unterstützen mich wirklich in meinen beruflichen Zielen? Wer steht mir verlässlich mit Inspiration, Motivation und Unterstützung zur Seite?

64.

Welche Rolle spielt meine Arbeit zurzeit in meinem Leben? Dreht sich mein Leben um meine Arbeit? Bin ich mit dem Verhältnis zwischen Privat- und Berufsleben zufrieden? Kann ich irgendetwas tun, um meine Work-Life-Balance zu verbessern?

65.

Welche praktischen Schritte könnte ich jetzt sofort tun, um mein Arbeitsleben erfüllender zu gestalten? Wo könnte ich mir Unterstützung holen, um meine berufliche Situation meinen Wertvorstellungen und Zielen näher zu bringen?

5

Geld

Falls Sie jemals Zweifel hatten, dass Geld für die meisten Menschen tatsächlich den Stellenwert hat, den man ihm zuschreibt, wird ein Besuch im Buchladen nebenan Sie eines Besseren belehren. Die Regale sind voll von Büchern, die uns erklären, wie man zu mehr Geld kommt, wie man mit weniger Geld ein besseres Leben führt, wie man ein persönliches Budget erstellt, seine finanzielle Zukunft sichert, finanzielle Probleme in der Partnerschaft löst und wie unterschiedlich Mann und Frau an Geldfragen herangehen. Ein schier unerschöpfliches Thema.

Das Thema Geld offen und ehrlich zu behandeln ist gar nicht so einfach – vielleicht ist es diesbezüglich von allen in diesem Buch behandelten Lebensbereichen sogar der heikelste. (Für mich ist es auf jeden Fall so.) Die meisten von uns empfinden es als unangenehm, sich über Geld Gedanken zu machen – wie viel wir haben, verdienen, schulden, gerne hätten, nicht haben. Auch darüber zu sprechen ist schwierig. Ich weiß mehr über das Liebesleben meiner Freunde, als über ihre finanzielle Situation. Nicht selten führen Geldfragen in Partnerschaften zu großen Problemen. Das Verständnis, die Offenheit und Ehrlichkeit, mit der wir unserem Partner sonst begegnen, scheinen uns oft abhandenzukommen, sobald das Thema Geld zur Sprache kommt. Selbst Freunde, die bedenkenlos ihre intimsten Wünsche und Hoffnungen teilen, verstummen, wenn es um ihr Einkommen oder ihre Schulden geht. Mein Mann und ich sind zwar imstande, unsere positiven und negativen Gefühle füreinander bis ins kleinste Detail auszudiskutieren, unsere Gespräche über finanzielle Angelegenheiten enden jedoch fast unweigerlich in Schreien (seinerseits) und Tränen (meinerseits). Warum bloß?

Vielleicht liegt ein Grund darin, dass wir in unserer Gesellschaft diesbezüglich völlig widersprüchliche Botschaften empfangen. Einerseits haben wir gelernt, dass ein verantwortungsbewusster Erwachsener sich über Geld Gedanken machen *muss*, andererseits ist es ein Thema, über das man eigentlich nicht spricht, das zeugt von schlechten Umgangsformen und ist schlichtweg unhöflich. Wie kann man beides beherzigen, ohne sich verrückt zu machen? Wie sollen wir unsere finanziellen Probleme lösen, wenn man besser nicht darüber spricht? Und weil es uns so widerstrebt, über unsere Finanzen zu sprechen, unterliegen viele von uns diesbezüglich eigenartigen Fantasievorstellungen, die oft sehr wenig mit dem gemein haben, was tatsächlich in unserem Leben vor sich geht.

Wir gehen tendenziell davon aus, dass sich faktisch alle unsere Probleme in Luft auflösen würden, wenn wir mehr Geld hätten. Die meisten von uns denken, dass sie zu wenig haben – und auch nie genug haben werden. Und deswegen können sie auch nicht aufhören, sich damit zu beschäftigen.

In verschiedenen Phasen meines Lebens gingen mir folgende Gedanken über meine damalige oder zukünftige finanzielle Situation durch den Kopf:

Ich muss meine kreativen und beruflichen Träume aufgeben und mich darauf konzentrieren, Geld zu verdienen.

Ich muss auf ein regelmäßiges Einkommen verzichten, um meine kreativen und beruflichen Träume zu verwirklichen.

Wenn ich wirklich gute Arbeit leiste, werde ich auch genug Geld verdienen.

Ich habe nicht die geringste Ahnung wie, aber irgendwann werde ich genug Geld verdienen.

Ich habe keine Ahnung, warum, aber ich werde sicher nie genug Geld verdienen.

Andere Leute scheinen einfach ein Händchen für Geld zu haben, ich nicht.

Wenn ich endlich herausgefunden habe, was ich eigentlich mit meinem Leben anfangen soll, dann regeln sich die Geldfragen von selbst.

Ich werde niemals genug Geld haben, um in meinen „Goldenen Jahren" ein gutes Auskommen zu finden.

Irgendetwas oder irgendjemand wird meine finanziellen Probleme schon lösen, also mache ich mir am besten jetzt keine Gedanken darüber.

Jeder einzelne dieser Gedanken war nichts als eine Momentaufnahme meines jeweiligen Verwirrtheitszustandes in Bezug auf Geld. Meistens hatte ich unrecht. Und ich irre mich immer noch in diesen Dingen. Es fällt mir unglaublich schwer, finanzielle Fragen richtig einzuschätzen, Arbeitsaufwand und Entlohnung abzuwägen, zu entscheiden, ob ich Geldfragen mit meinem Mann bespreche oder nicht oder zu einem ausgewogenen Verhältnis von Ausgaben, Rücklagen und Investitionen zu gelangen. Warum ist dieses Thema so angstbesetzt?

Geld steht für Sicherheit, Liebe, Macht, Freiheit und vieles andere. Mit welchen Qualitäten Sie es in

Verbindung bringen, hängt davon ab, wie Sie aufgewachsen sind, welche Erfahrungen Sie gemacht haben, wie Sie sich gerne andern gegenüber präsentieren, und nicht zuletzt davon, wie Ihre derzeitigen Wünsche und Sehnsüchte aussehen. Manche von uns scheinen sich ununterbrochen Sorgen über Geld zu machen – aus gutem Grund oder völlig unbegründet –, während andere lieber Vogel-Strauß-Politik betreiben und davon ausgehen, dass das Problem (falls es eines gibt) sich auf magische Weise von selbst lösen wird, wenn sie es nur einfach lange genug ignorieren.

Gerade in Beziehungen scheiden sich an diesem Thema oft die Geister. Der eine Partner hält es für notwendig, über Einnahmen und Ausgaben peinlich genau Buch zu führen, während dem anderen diese Vorstellung völlig fremd ist. Der eine vertritt die Ansicht, dass man sich um das Hier und Jetzt kümmern sollte und sich die Zukunft dann ganz von alleine regelt, der andere fühlt sich nur sicher, wenn er so viel wie möglich auf die hohe Kante legt. Der eine schätzt die Annehmlichkeiten und Besitztümer, die man mit Geld erwerben kann, der andere würde auf das alles gut und gerne verzichten, um ein einfacheres, ruhigeres, aber eben auch weniger einträgliches Leben zu führen. Und während der eine bei Investitionen durchaus gerne mal ein Risiko eingeht, hat der andere panische Angst davor, auch nur einen Bruchteil dessen zu verlieren, was er so hart erarbeitet hat.

Vielleicht helfen Ihnen die nun folgenden Fragen, festzustellen, welchen Stellenwert Geld in Ihrem Leben hat, welche Hoffnungen und Ängste für Sie damit verbunden sind und welche Rolle es in Ihren Beziehungen spielt.

66.

Ist Geld zum jetzigen Zeitpunkt ein vorrangiges Thema in meinem Leben? Bin ich zufrieden mit dem, was ich habe oder verdiene? Unzufrieden? Verbringe ich zu viel Zeit mit Geldfragen? Oder zu wenig?

67.

Welche Aufgabe erfüllt Geld in meinem Leben? Schätze ich die Sicherheit, die es mir bietet, die Möglichkeiten und Annehmlichkeiten, die es mir eröffnet?

68.

Wie sehen meine Geldsorgen aus? Mache ich mir Sorgen, vielleicht nie genug haben, verdienen oder ansparen zu können? Sind diese Sorgen gerechtfertigt? Wie könnte ich besser mit meinen Ängsten umgehen?

69.

Welche Rolle spielt Geld bei meinen beruflichen Entscheidungen? Eine angemessene Rolle? Würde es mir guttun, bei diesen Entscheidungen mehr an Geld zu denken? Oder weniger?

70.

Gibt mein Verdienst mir das Gefühl, dass meine Arbeit wertgeschätzt wird? Wenn nicht, wie viel müsste ich verdienen, um mich wertgeschätzt zu fühlen?

71.

Bin ich in Geldfragen verantwortungsbewusst? Wie gut (oder schlecht) komme ich mit meinen Finanzen klar? Habe ich ein brauchbares System, um den Überblick über meine finanzielle Situation zu behalten? Bewegen sich meine Ausgaben im Rahmen meiner Mittel oder gebe ich laufend zu viel aus? Klammere ich mich zu sehr an Geld? Habe ich solche Angst davor, zu viel Geld auszugeben, dass ich mir oder meiner Familie Dinge vorenthalte? Falls ich zu viel ausgebe oder Angst davor habe, wie könnte ich mich verhalten, damit ich mich wohler fühle?

72.

Wie viel Geld besitze ich im Moment? Wie viel genau?

73.

Wie hoch sind meine Schulden? Fühle ich mich wohl mit dem, was ich habe, und dem, was ich schulde? Was kann ich tun, um mich besser zu fühlen? Habe ich einen Haushaltsplan? Brauche ich einen? Wer oder was kann mir dabei helfen, Klarheit in meine finanzielle Situation zu bringen, Einsparungen zu machen und meine Schulden abzubezahlen?

74.

Wie viel würde ich gerne in einem Jahr verdienen? In fünf Jahren? In zehn Jahren? In fünfundzwanzig Jahren? Habe (oder brauche) ich einen Plan, um diese Ziele zu erreichen? Wie könnte ich so einen Plan erstellen?

75.

Bestreite ich meinen eigenen Lebensunterhalt? Fühle ich mich wohl mit dieser Situation? Wenn ja, gehe ich davon aus, dass es für den Rest meines Lebens so bleiben wird? Unter welchen Umständen könnte sich das ändern? Unterstütze ich irgendjemand anderen finanziell? Ist das in Ordnung für mich? Wenn ja, gehe ich davon aus, dass das für den Rest meines Lebens so bleiben wird? Unter welchen Umständen könnte es sich ändern?

76.

Was habe ich in meiner Ursprungsfamilie über Geld gelernt? Was davon ist nützlich? Was ist abträglich? Wo zeigt sich die Einstellung meiner Familie zu finanziellen Dingen heute in meinem Leben? Fühle ich mich wohl damit? Falls nicht, kann ich etwas tun, um diese nachteiligen Auswirkungen so gering wie möglich zu halten und das, was mir nützlich erscheint, bewusster wertzuschätzen?

77.

Falls ich in einer festen Partnerschaft lebe, ist der Umgang meines Partners mit finanziellen Dingen mit meiner eigenen Einstellung und Vorgangsweise gut vereinbar? Sind wir uns einig, wofür wie viel Geld ausgegeben wird, wie viel gespart oder angelegt wird?

78.

Bin ich zufrieden mit dem, wie mein Partner sein Geld verdient und wie er damit umgeht? Können wir finanzielle Angelegenheiten offen und ehrlich besprechen? Wenn nicht, warum? Wie könnten wir unsere Kommunikation in diesem Bereich verbessern? Gibt es irgendwelche dringlichen Angelegenheiten, die ein sofortiges Gespräch notwendig machen? Fühle ich mich wohl bei dem Gedanken, dieses Gespräch anzuregen? Wenn nicht, was kann ich tun, um so ein Gespräch für mich angenehmer zu gestalten?

79.

Kommt es aufgrund von finanziellen Themen zu Spannungen in unserer Beziehung? Wenn ja, könnten mein Partner und ich irgendetwas tun, um diese Situation zu verbessern? Könnten wir von einem Gespräch mit einem Finanzberater profitieren?

80.

Würde sich mein Leben grundlegend ändern, wenn ich so viel Geld hätte, dass meine finanzielle Zukunft vollkommen abgesichert wäre? Was würde sich verändern? Inwiefern würde ich mein Leben anders gestalten? Wären alle meine Probleme gelöst? Falls meine Antwort auf diese Frage „Ja" lautet, bin ich mir wirklich sicher?

6

Kreativität

Viele von uns halten Kreativität für eine besondere Fähigkeit, eine Begabung, ein spezielles Talent, über das in erster Linie Maler, Musiker und Schriftsteller verfügen – mit anderen Worten Künstler, Menschen, die begnadet sind oder unkonventionell. Kreativität steht für uns oft im Gegensatz zu einer praktischen Veranlagung, die Verantwortung im „wahren Leben“ bedeutet. Man hat uns beigebracht, dass Kreativität – wie auch immer geartet – ein Luxus ist, den man sich in der Welt der Erwachsenen nicht länger leisten kann. Doch das ist ein Missverständnis. Kreativität ist etwas, das uns allen jederzeit zur Verfügung steht – in der Art und Weise, wie wir die Welt um uns herum sehen, sie riechen, schmecken, berühren und hören. Kreativ zu sein bedeutet nichts anderes, als präsent zu sein, wahrzunehmen und zu spüren, was um uns und in uns vorgeht, genau jetzt. Es ist unsere Kreativität, die jedem Augenblick unseres Lebens Sinn verleiht.

In jedem Augenblick unseres Lebens gibt es zwei Möglichkeiten: Erstens, wir verlassen uns auf unsere gewohnheitsmäßigen Reaktionsmuster. „Ich sollte meine Mutter besuchen, sie macht mir immer so ein schlechtes Gewissen", wäre zum Beispiel eine gewohnheitsmäßige Reaktion auf eine bestimmte Situation. Die andere Möglichkeit wäre, aus unseren Gewohnheiten auszusteigen und wahrzunehmen, was tatsächlich gerade vor sich geht, in uns und um uns. Das mag durchaus dasselbe sein wie vorher, oder aber etwas völlig anderes. Kreativ zu sein bedeutet, zuzulassen, jeden Augenblick mit vollkommener Frische und Offenheit aufzunehmen und zu erfahren – genauso, als ob es das erste Mal wäre. Es ist das erste Mal!

Falls Sie Kinder haben, kennen Sie diese Situation sicher – Ihr Kind kommt von der Schule nach Hause und an manchen Tagen wissen Sie bereits, bevor es die Tür hinter sich zugemacht hat, in welcher Stimmung es ist, wie sein Tag verlaufen ist und was es jetzt von Ihnen braucht. Das ist ein überaus kreativer Akt. Sie haben sich – quasi mit einem Klick – mit all ihren Sinnen auf die vorhandenen Energien eingestellt und sich bewusst gemacht, was wirklich vor sich geht. Mit unserer Kreativität in Kontakt zu sein, schafft Klarheit: Wir wissen, wie wir reagieren sollen. Wir wissen, was wir in einer bestimmten Situation brauchen. Wir sind vollkommen präsent.

Wir können an alles, was wir tun, mit einer gewissen Kreativität herangehen, und ich bin sicher, in gewissen Lebensbereichen tun Sie das bereits. Sie nennen es nur nicht kreativ. Vielleicht ist es für Sie ganz selbstverständlich, dass Sie genau wissen, wie Sie ein weinendes Kind trösten können. Vielleicht besitzen Sie einen angeborenen Sinn für Stil und Eleganz. Vielleicht sind Sie ein großartiger Koch. Kochen kann eine wunderbare Ausdrucksform von Kreativität sein. Man kann ein Gericht genau nach Rezept zubereiten, ohne auch nur ein einziges Mal zu probieren oder daran zu riechen. Das Ergebnis wird so gut sein wie das Rezept. Diese Art von Kochen erfordert keine großartige Kreativität. Man kann sich aber auch das Rezept ansehen und entscheiden, es abzuwandeln, es etwas würziger zu machen, eine andere Zutat zu verwenden oder ein Gemüse durch ein anderes zu ersetzen. Dann wird gekostet, gerochen, umgerührt, man stimmt die Gewürze ab oder gibt etwas Flüssigkeit hinzu. Während man kocht, ist man präsent und aufmerksam. Dieses Gericht ist ein Produkt unserer Kreativität.

Mit Sicherheit besitzen Sie diese natürliche Kreativität in dem einen oder anderen Lebensbereich, und mit ebensolcher Sicherheit gibt es andere Bereiche, in denen Ihre Begabungen nicht genügend gefördert wurden. Julia Cameron, die Autorin des besten „Kreativitätshilfsprogrammes", das ich kenne, *Der Weg des Künstlers*, beschreibt unsere Gesellschaft als „Anti-Kunst-Kultur". In unserem Kulturkreis erkennen, schätzen und fördern wir Kunst in erster Linie, wenn wir damit unseren Status, unseren guten Geschmack oder unsere Coolness unter Beweis stellen können. Dem einfachen, zweckfreien Impuls, zu kreieren, wird kaum Bedeutung beigemessen. Wir wissen einfach nicht, *wie* man Kreativität per se wertschätzen und fördern kann – es scheint uns irrelevant und irgendwie unheimlich. Eine Möglichkeit wäre, dort zu beginnen, wo Sie sich schon jetzt zu Hause fühlen. Ganz egal, ob Sie sich für Theater, Stricken, das Schreiben oder Lesen von Büchern, für Zeichnen oder Ihren Garten interessieren; ich bin sicher, es gibt etwas, bei dem Sie Ihre Vorstellungskraft und Intuition bereits nutzen. Wo spüren Sie eine unverwechselbare Begabung? Gibt es Bereiche, in denen man Sie ermutigt hat? Oder ganz im Gegenteil? Die Fragen über Kreativität helfen Ihnen, Freunde und Feinde Ihrer Kreativität zu erkennen. Es geht dabei nicht darum, zu entdecken, dass Sie im Grunde Ihres Herzens ein Dichter oder Pianist sind (obwohl das natürlich auch großartig wäre), sondern eher darum, wer und was Ihnen dabei hilft, sich für all ihre Sinneswahrnehmungen zu öffnen und mit Ihrem inneren Wissen in Kontakt zu treten.

Nicht zuletzt sind die folgenden Fragen eine Aufforderung, sich damit auseinanderzusetzen, was Ihnen Freude macht. Die Fähigkeit, Freude zu empfinden, ist an sich schon ein kreativer Akt. Denken Sie darüber nach, wofür Sie sich aufrichtig begeistern können. Wahre Freude zu empfinden bedeutet auch, sich fallen zu lassen in das, was *ist*. Das birgt immer auch ein wenig Überraschung in sich. Freude lässt sich nicht „herstellen"; so sehr wir es auch versuchen, wir können nur aufmerksam sein und sie mit offenen Armen empfangen, wenn sie sich zeigt. Je mehr wir versuchen, Freude zu *haben*, desto weniger freudvoll ist das Ergebnis. Freude entsteht einfach, genau wie Kreativität. Und da Freude und Kreativität so nah verwandt sind – beide verlangen Präsenz, Offenheit und Empfänglichkeit –, verstärken sie sich gegenseitig. Tiefe Freude entsteht, wenn Sie Ihre Kreativität wecken. Und alles, was uns Freude macht, verstärkt unsere natürlichen kreativen Impulse. Es ist ein großer Irrtum, dass Kunst in erster Linie aus dem Leiden heraus entsteht. Mindestens ebenso sehr entspringt sie der Freude. Ich fordere Sie also auch dazu auf, sich damit zu beschäftigen, was Ihnen Freude bereitet und was nicht.

81.

Jeder besitzt besondere Fähigkeiten auf einem bestimmten Gebiet – Intelligenz, Mitgefühl, Erkenntnisfähigkeit, Einfallsreichtum, Stil, Originalität und so weiter: Wo liegen meine? (Keine falsche Bescheidenheit!)

82.

Besitze ich irgendwelche kreativen Talente, zu denen ich nicht wirklich stehe, die ich mir möglicherweise sogar selbst nicht eingestehe, weil ich zu schüchtern bin oder es irgendwie peinlich finde? Kann ich die Talente, die ich habe, wirklich annehmen? Fühle ich mich wohl damit? Was würde sich ändern, wenn ich zuließe, dass diese Begabungen in meinem Leben Platz fänden?

83.

Wie und wo bringe ich meine kreativen Talente zum Ausdruck? Beim Schreiben, Malen, Kochen oder wenn ich mich um meine Kinder kümmere, meine Kleidung auswähle, im Garten arbeite, Gespräche führe, beim Beten?

84.

Wie fühle ich mich, wenn ich meine Kreativität ausdrücke?

85.

Welche meiner Beziehungen unterstützen meine Kreativität? Mit welchen Menschen fühle ich mich wohl, wenn ich die kraftvollen und talentierten Anteile meiner Persönlichkeit lebe? Was tun sie, dass ich mich so wohlfühle?

86.

Gibt es Menschen oder Gruppen, die mich in meiner Kreativität unterstützen könnten? Wenn ja, wie kann ich sie ausfindig machen und mehr über sie erfahren?

87.

Welche Orte oder Umstände scheinen mich mit meiner Kreativität in Kontakt zu bringen? Museen, Bücher, die Natur, Meditation und intime Beziehungen sind nur einige Beispiele für Orte, Tätigkeiten und Situationen, die Kreativität wecken können.

88.

Welche Tätigkeiten fördern meine Kreativität: Tagebuchschreiben, Meditation, Spaziergänge, Kurse, kreative Projekte zusammen mit Freunden, Kontemplation, andere? Nehme ich mir genügend Zeit für diese Dinge?

89.

Bin ich in der Lage, eine kreative Idee auch durchzuziehen? Wie gut bin ich darin, Dinge zu Ende zu bringen? Wie fühlt es sich an, ein kreatives Vorhaben fertiggestellt zu haben? Was hält mich davon ab, diese Dinge zu Ende zu bringen? Gibt es mentale oder emotionale Stolpersteine, die mir beim Ausleben meiner Kreativität im Weg stehen? Wenn ja, was sind diese Stolpersteine? Was kann ich tun, um sie aus dem Weg zu räumen oder ihre Auswirkungen so gering wie möglich zu halten?

90.

Wie kann ich die Kreativität meiner Mitmenschen fördern, die meines Partners, der Kinder, meiner Freunde etc.? Erkenne ich ihre kreativen Talente? Bin ich gut darin, andere Menschen in ihrer Kreativität zu unterstützen? Wenn ja, wie sieht meine Unterstützung aus? Wenn nein, was könnte ich ändern, um sie besser zu unterstützen?

91.

Kreativität und Freude sind synergetisch verbunden. Gebe ich der Freude in meinem Leben Raum? Was tue ich einzig und allein um des Vergnügens willen? Was macht mir am meisten Spaß und wo empfinde ich das größte Vergnügen, die größte Freude?

92.

Wo oder mit wem empfinde ich die größte Freude? Macht mir etwas Freude, das sonst niemandem Freude bereitet? Was bereitet den meisten Menschen Freude, mir aber nicht?

7

Spiritualität

Religion und Spiritualität sind nicht notwendigerweise ein und dasselbe. Obwohl beide ähnliche Bedürfnisse abdecken, gibt es Merkmale, die über einen bestimmten religiösen Glauben hinausgehen und auf die spirituelle Natur weisen, die uns allen gemein ist. Die Fragen zur Spiritualität beziehen sich demzufolge nicht auf eine organisierte Religion. Sie können Sie beantworten, ob Sie an Gott, eine Göttin, an den Buddha, an sie alle zusammen oder an nichts von alldem glauben. In seinem *Buch der Menschlichkeit* hält der Dalai Lama ganz klar den Unterschied fest: „Religion hat für mich mit dem Glauben an einen Erlösungsanspruch der jeweiligen Glaubensrichtung zu tun. Dazu gehören religiöse Lehren, Dogmen, Rituale, Gebete etc. Spiritualität verbindet sich für mich mit jenen Aspekten einer menschlichen Geisteshaltung – wie etwa Liebe und Mitgefühl, Geduld, Toleranz, Vergebung, Zufriedenheit, Verantwortungsgefühl –, die uns selbst und andere glücklich machen."

Wir haben oft den Eindruck, dass Spiritualität etwas ist, das sich losgelöst vom Rest unseres Lebens abspielt. Wir gehen sonntags in die Kirche oder an Feiertagen in die Synagoge. Wir meditieren zwanzig Minuten täglich oder suchen die spirituelle Verbindung zum Universum auf Spaziergängen, beim Liebemachen und während wir Musik hören. Wenn wir nicht gerade mit diesen Aktivitäten beschäftigt sind, wissen wir nicht genau, was wir mit unserer Spiritualität anfangen sollen. Die Fragen in diesem Kapitel sollen Ihnen helfen, Wege zu finden, Ihre Spiritualität aus dem Getto der besonderen Anlässe zu entlassen und in Ihre alltäglichen Aktivitäten einfließen zu lassen. Sie fordern Sie nicht nur dazu auf, sich mit Ihren spirituellen Überzeugungen auseinanderzusetzen, sondern auch zu schauen, wo und wie diese Überzeugungen in Ihrer Arbeit, zu Hause und in Ihren Beziehungen sichtbar werden. Sie fordern Sie auf, darüber nachzudenken, inwiefern sich Ihre Wertvorstellungen, Überzeugungen und ethischen Grundsätze in Ihrem täglichen Leben erkennen lassen.

Buddhisten unterscheiden drei verschiedene spirituelle Pfade. Der erste ist der der Nonne oder des Mönches. Er bedeutet, den Dingen des alltäglichen Lebens zu entsagen, um in einer spirituellen Gemeinschaft zu leben. Der zweite Pfad ist der des Einsiedlers oder „Waldmönches", der im Wald lebt oder in einer Höhle sitzt, fest entschlossen, seinen spirituellen Praktiken in der Abgeschiedenheit nachzugehen, bis er Erleuchtung erlangt. Der dritte Pfad ist der des sogenannten „Haushälteryogis". Er nutzt die Dinge des täglichen Lebens – Job, Familie, Freunde, ja sogar den Haushalt und andere Erledigungen – für seine spirituelle Entwicklung. Als Leser dieses Buches sind Sie mit großer Wahrscheinlichkeit bereits solch ein Haushälteryogi, selbst wenn Sie nie auf den Gedanken kämen, sich so zu nennen.

Spirituell gesehen leben wir heute in spannenden Zeiten, denn mehr und mehr Menschen fühlen sich von diesem Haushälteryoga angezogen. Sie möchten jedem Aspekt ihres Lebens eine gewisse spirituelle Bedeutung geben, und das nicht nur am Sabbat oder an hohen Feiertagen. Während es über Jahrhunderte hinweg reichlich Anweisungen für Mönche und Einsiedler gab, finden sich in allen Traditionen relativ wenig Richtlinien für Haushälteryogis. So bleibt die Gestaltung unseres spirituellen Weges jedem selbst überlassen – sei es nun mit Kirche, Synagoge,

Tempel, Ritualen, einer bestimmten Liturgie und religiösen Gemeinschaft oder ohne all dies. Die Fragen über Spiritualität sollen ein erster Schritt sein, um sich Ihre spirituelle Natur bewusst zu werden, darüber, wo und wann Sie diese am besten zum Ausdruck bringen könnten, und zwar ganz unabhängig von Ihrer religiösen Überzeugung. Gehen Sie der Frage nach, welche spirituellen Eigenschaften ganz selbstverständlich für Sie sind und welche Dinge Ihnen weniger leichtfallen, ob Ihre tiefen, spirituellen Überzeugungen und Werte sich auch in Ihrem Alltagsleben widerspiegeln, und falls nicht, wo es Möglichkeiten gibt, diese Kluft zwischen Ihrem inneren und äußeren Leben zu verringern.

Wie wir alle wissen, sind unsere Wertvorstellungen und Überzeugungen einem steten Wandel unterworfen. Deswegen werden Sie die nun folgenden Fragen wahrscheinlich immer wieder zurate ziehen wollen. In gewissem Sinn sind sie die wichtigsten Fragen in diesem Buch. Vielleicht möchten Sie sich die Fragen in den vorhergegangenen Kapiteln noch mal durchlesen, nachdem Sie diese hier beantwortet haben, um zu sehen, ob Ihre Antworten mit Ihren spirituellen Werten und Überzeugungen übereinstimmen.

93.

Wohin bzw. an wen – wenn überhaupt – wende ich mich um spirituelle Führung?

94.

Gehe ich irgendwelchen spirituellen Praktiken nach – Meditation, Gebet, karitativen Tätigkeiten? Wenn ja, inwiefern bereichern sie mein Leben? Wie würde ich den Einfluss beschreiben, den sie auf mich haben?

95.

Teile ich meine spirituellen Praktiken mit anderen? Wenn ja, unterstützen wir uns gegenseitig? Wenn nein, würde es mir guttun, andere Menschen zu finden, mit denen ich meine spirituelle Praxis teilen kann? Wie könnte ich so eine Gruppe finden?

96.

Welche drei spirituellen Qualitäten sind mir am wichtigsten? (Zum Beispiel: Gerechtigkeit, Großzügigkeit, Ehrlichkeit, innerer Frieden, Weisheit, Vertrauen, Freude, Kraft, Liebe ...) Sind diese Qualitäten in meinem Leben sichtbar? Wenn ja, wo und mit welchen Menschen?

97.

Wie, wo und bei welchen Menschen kann ich den spirituellen Qualitäten Liebe, Mitgefühl, Geduld, Toleranz, Vergebung, Zufriedenheit und Glück am besten Ausdruck verleihen? Welche dieser Qualitäten fehlt mir am meisten? In welchen Lebensbereichen und in welchen meiner Beziehungen? Wie könnte ich diese Qualitäten entwickeln und vertiefen?

98.

Spiegelt meine Arbeit meine spirituellen Werte wider? Wenn ja, inwiefern? Wenn nein, warum nicht?

99.

Spiegelt mein Zuhause meine spirituellen Werte wider? Wenn ja, inwiefern? Wenn nein, warum nicht?

100.

Was möchte ich in einem Nachruf oder einer Grabrede über mich hören?

Nachwort

Das Beantworten der *100 Fragen* muss, ja sollte, kein einmaliges Ereignis bleiben. Ich finde überhaupt, dass wir uns jeden Tag gewisse Fragen stellen sollten, einfach um unsere Aufmerksamkeit gegenüber unserer inneren Stimme zu schulen. Ich rate Ihnen, sich täglich mit einigen dieser Fragen (oder einer anderen Form der Innenschau) auseinanderzusetzen, um die Verbindung zu sich selbst nicht zu verlieren.

Erstellen Sie eine persönliche Liste von Fragen, die Ihnen geeignet erscheinen. Wenn Sie sich diese Fragen gleich nach dem Aufstehen stellen, sorgen Sie für einen bewussten und aufmerksamen Start in den Tag. Sie können sich auch abends damit beschäftigen, und so auf Ihren Tag zurückblicken, die Ereignisse Revue passieren lassen und Zusammenhänge besser verstehen. Sich bewusst und in Ruhe selbst zuzuhören tut gut!

Hier sind einige Fragen, die mir guttun:

Morgens:

- Was sollte ich heute sagen? Wem?
- Mit wem sollte ich heute Verbindung aufnehmen?
- Welche Entwicklungen oder Ereignisse würde ich heute gerne in meinem Leben sehen?
- Worauf kann ich mich heute konzentrieren, um meinem authentischen Leben näherzukommen?

Abends:

- Was habe ich heute ungesagt gelassen?
- Welche Gefühle habe ich nicht zugelassen?
- Was hat mir heute an mir selbst wirklich gut gefallen? Was nicht?
- Was begann sich heute in meinem Leben zu entfalten?
- Wofür kann ich heute dankbar sein? Wie habe ich meine Dankbarkeit ausgedrückt?
- Ist heute irgendetwas passiert, das nicht mit meinen Wertvorstellungen übereinstimmt?
- Was hätte ich gerne anders gemacht?

- Was könnte ich morgen denken, fühlen, sagen oder tun, um meinem authentischen Leben näherzukommen?

Anfangs mag Ihnen dieser Prozess des Fragenstellens mühsam erscheinen, aber mit der Zeit führt der Dialog mit sich selbst dazu, dass innere Aufmerksamkeit zur Gewohnheit wird. Diese Angewohnheit, in Ihrem Leben voll und ganz präsent zu sein, ist der beste Weg zu Ihren eigenen Antworten, den echten Antworten, den Antworten, die Ihnen und Ihrer Umgebung am meisten nützen.

Wir werden nicht nachlassen in unserem Kundschaften
Und das Ende unseres Kundschaftens
Wird es sein, am Ausgangspunkt anzukommen
Und den Ort zum ersten Mal zu erkennen

T.S. Eliot, Little Gidding,
(Übersetzung: Nora Wydenbruck)
aus: T.S. Eliot, Vier Quartette,
Suhrkamp Verlag Frankfurt/Main 1972/1988.

Anhang

Meditationsanleitung

Wie ich am Anfang dieses Buches bereits erwähnt habe, halte ich eine regelmäßige Meditationspraxis für äußerst wichtig, um sein Leben bewusster und authentischer zu gestalten. Falls Sie Interesse haben, finden Sie hier eine Anleitung für die sogenannte Shamatha-Meditation (das ruhige Verweilen). Auf meiner Website gibt es auch Videoanleitungen. Falls Sie Interesse haben, können Sie sich auch meinem *Open Heart Project* anschließen. Sie erhalten dann wöchentlich zwei geführte Meditationen (auf Englisch) per E-Mail.

Anleitung für die Shamatha-Meditation

Suchen Sie sich einen Platz, an dem Sie sich wohlfühlen. Falls Sie auf einem Meditationskissen sitzen können, großartig. Falls Ihnen das zu unbequem ist, ist es völlig in Ordnung, auf einem Stuhl zu sitzen. Es ist hilfreich, immer an demselben Ort zu meditieren. Wählen Sie ein Zimmer oder eine Ecke in einem Zimmer und etablieren Sie dort Ihren Meditationsort. Gestalten Sie ihn freundlich. Wenn Sie möchten, können Sie vor einem kleinen Regal oder einem Tisch sitzen, auf dem einige Gegenstände platziert sind, die Ihnen wichtig oder die einfach schön sind. Das können frische Blumen sein, einige Steine oder das Bild eines Menschen oder einer Sache, die Sie lieben. Gestalten Sie es einfach. Es geht darum, einen Ort zu schaffen, an den Sie gerne zurückkehren.

Auf drei Dinge sollten Sie bei Ihrer Meditationspraxis achten:

Körper

Die Praxis beginnt damit, wie Sie sich hinsetzen. Es ist wichtig, die Meditationshaltung genau einzuhalten. Erinnern Sie sich daran, sich gerade hinzusetzen, nicht steif, aber in einer entspannten, aufrechten Haltung. Spüren Sie, wie Ihre Sitzknochen hinunter in die Erde reichen und Ihr Scheitel sich leicht nach oben streckt, als ob ein gütiger und sanfter Mensch seine Hand einige Zentimeter über Ihrem Scheitel halten würde und Sie sie gerne berühren möchten. Wenn Sie auf diese Weise aufrecht sitzen, demonstrieren Sie Ihre Würde.

Wenn Sie auf einem Kissen sitzen, kreuzen Sie die Beine locker vor sich. Manche Leute ziehen es vor, ihre Knie tiefer als ihre Hüften zu haben, andere bevorzugen es, wenn sie höher sind. Experimentieren Sie ruhig ein wenig, um herauszufinden, was für Sie am besten funktioniert. Finden Sie auch heraus, wie dick das Sitzkissen sein soll, damit Sie sich wohlfühlen (das kann alles von einem sehr dünnen Kissen bis zu einer Dicke zwischen 30 und 60 cm sein). Sie müssen es einfach ausprobieren.

Falls Sie auf einem Stuhl meditieren, rücken Sie nach vorne, sodass Sie sich nicht anlehnen können und Ihre Füße fest auf dem Boden stehen. Die meisten Leute, die auf einem Stuhl meditieren, finden es angenehm, wenn ihre Knie etwas höher als ihre Hüften sind. Es kann sein, dass Sie dazu ein Kissen unter Ihren Füßen brauchen.

Wenn Sie eine für sich bequeme Position gefunden haben, legen Sie die Hände, Handflächen nach unten, etwas oberhalb Ihrer Knie oder auf die Mitte Ihrer Schenkel. Entspannen Sie Ihre Schultern und Ihren Bauch.

Ziehen Sie Ihr Kinn leicht heran, um Ihre Halswirbelsäule zu strecken. Ihr Mund sollte geschlossen sein, die Lippen leicht geöffnet, Kiefer entspannt. Lassen Sie die Zunge an Ihrem Gaumen ruhen.

In dieser Praxis bleiben Ihre Augen geöffnet. Ihr Blick ist weich und leicht nach unten auf einen Punkt ungefähr 2 Meter vor Ihnen gerichtet. Sie sollten diesen Punkt nicht anstarren. Statt irgendetwas Spezielles zu fokussieren, könnten Sie sich vorstellen, dass das Sehen aus Ihren Augen herausströmt und sich mit dem Raum vermischt. Obwohl Ihre Augen geöffnet sind, bleiben sie entspannt und sinken eher in die Augenhöhle zurück, als angestrengt nach vorne ausgerichtet zu sein, was normalerweise der Fall ist. Es spielt keine Rolle, wo Ihr Blick landet, lassen Sie ihn einfach auf einem Punkt, etwa 2 Meter vor Ihnen, zur Ruhe kommen.

Atem

Sobald Sie die richtige Haltung gefunden haben (was der komplizierteste Teil ist), beginnen Sie, auf das Auf und Ab Ihres Atems zu achten, darauf, wie die Luft durch die Nase aus- und einströmt. Jeder Atemzug ist anders. Können Sie erkennen, inwiefern? Es ist nicht nötig, auf eine bestimmte Art und Weise zu atmen, lassen Sie Ihre Aufmerksamkeit einfach auf Ihrem Atem reiten, wie auf Wellen im Meer.

Die Aufmerksamkeit auf den Atem zu richten, ist etwas ganz anderes, als über den Atem nachzudenken. Hier ist ein einfaches Beispiel: Erlauben Sie Ihrer Aufmerksamkeit, sich bei Ihrer rechten großen Zehe niederzulassen, ohne sich zu bewegen oder hinzusehen. Nehmen Sie sie einfach bewusst wahr. Spüren Sie, ob sich die Zehe in Ihrem Socken eingequetscht oder kuschelig fühlt oder ob Sie die Luft um sie herum wahrnehmen können. Nun richten Sie Ihre Aufmerksamkeit, ebenfalls ohne sich zu bewegen oder hinzusehen, auf Ihr linkes Ohrläppchen. Spüren Sie wieder, wie es da im Raum hängt. Vielleicht ist es mit einem Ohrring geschmückt oder von Ihrem Haar bedeckt. Richten Sie Ihre Aufmerksamkeit jetzt wieder auf Ihre große Zehe. Und wieder auf Ihr Ohrläppchen.

Was immer Sie jetzt gerade bewegt haben, ist Ihre Aufmerksamkeit. Lassen Sie sie auf Ihrem Atem ruhen. Tun Sie es mit Leichtigkeit.

Geist

An irgendeinem Punkt werden Sie bemerken, dass Ihre Aufmerksamkeit abgeschweift und mit irgendwelchen Gedanken beschäftigt ist. Das ist überhaupt kein Problem. Ich habe Leute sagen hören: „Ich habe versucht zu meditieren, aber ich konnte nicht aufhören zu denken!“ Natürlich können Sie das nicht. Der Versuch, das Denken einzustellen, ist ungefähr das

Gleiche wie seiner Nase zu sagen, sie soll aufhören zu riechen. Sie kann nicht anders. Eine Nase tut das eben. Genauso ist das, wenn man versucht, nicht zu denken. Also versuchen Sie nicht, nicht zu denken. Während der Meditation entwickelt man ein anderes Verhältnis zu seinen Gedanken. Wenn Gedanken entstehen, bemerken Sie sie einfach und erlauben Sie ihnen, vorüberzuziehen. Bleiben Sie mit Ihrer Aufmerksamkeit bei Ihrem Atem. Wenn ein bestimmter Gedanke sich mit Ihrer Aufmerksamkeit aus dem Staub macht, dann kehren Sie eben mit Ihrer Aufmerksamkeit zu Ihrem Atem zurück, sobald Sie es bemerken. Es ist völlig egal, wie lange Sie „weg“ waren. Das einzig Wichtige ist, dass Sie wieder zurückkehren. Lassen Sie den Gedanken ganz sanft abklingen, wie eine Welle, die sich ins Meer zurückzieht. Es ist egal, wie wunderbar, wie abscheulich, wie langweilig, kreativ oder unglaublich aufschlussreich er ist … lassen Sie ihn einfach gehen.

Gedanken sind wie Wolken am Himmel, bemerken Sie sie einfach, statt sich in ihnen zu verlieren. Genau wie Wolken sind manche Gedanken fröhlich und hell, während andere wie ein böses Omen wirken. Manche sind dick und flaumig und wunderschön, andere sind ein kaum wahrnehmbarer, weit entfernter weißer Streifen. Manchmal verdecken Wolken den Himmel ganz und gar, aber man weiß trotzdem, dass die Sonne dahinter immer scheint, hell und klar. Der

Meditationsforscher Jon Kabat-Zinn sagt, dass wir uns während der Meditationspraxis mit dem Himmel und nicht mit den Wolken identifizieren. Dem Himmel ist es egal, was für Wolken über ihn hinwegziehen oder wie lange sie bleiben. Und genau wie im Himmel hat alles in uns Platz. Wir können sicher sein, dass, egal in welche Richtung wir gerade schauen, irgendwo immer Osten ist und irgendwo immer die Sonne aufgeht.

Wenn Sie Ihren Körper, Ihren Atem und Ihren Geist mit der Meditationspraxis vertraut gemacht haben, dann versuchen Sie, etwa zehn Minuten täglich zu meditieren. Es ist besser, jeden Tag kurz zu meditieren, als länger, aber unregelmäßig. Beständigkeit ist wichtiger als Dauer. Die meisten Leute meditieren gerne am Morgen, aber vielleicht sind Sie eine Nachteule und meditieren lieber abends, wenn Sie nach Hause kommen. Die beste Zeit für die Meditation ist die, an die Sie sich halten. Wählen Sie also einen bestimmten Zeitraum und versuchen Sie, es zur Routine werden zu lassen.

Irgendwann möchten Sie dann vielleicht Ihre Meditationszeit verlängern. Tun Sie das ruhig, aber machen Sie bitte keinen Wettkampf daraus und versuchen Sie nicht, sich etwas zu beweisen. Gehen Sie es langsam an. Ein guter Plan wäre, einen Monat lang täglich 10 Minuten zu praktizieren. Am Ende dieses Monats entscheiden Sie, ob Sie mit den 10-minütigen

Sitzungen aufhören, weitermachen oder länger meditieren möchten. Wenn Sie die Zeit verlängern möchten, tun Sie es schrittweise, sagen wir um jeweils 5 Minuten. Und nach einem weiteren Monat mit 15-minütigen Sitzungen entscheiden Sie wieder, wie Sie weitermachen möchten.

Hier möchte ich noch auf etwas sehr Wesentliches hinweisen. Falls Sie zu dem Schluss kommen, dass Sie Meditation zu einem ständigen Begleiter in Ihrem Leben machen möchten, suchen Sie sich bitte einen Meditationslehrer. Die Arbeit mit dem eigenen Geist kann manchmal sehr verwirrend und befremdlich sein. Etwa wie der Versuch, seinen eigenen Augapfel dazu zu bekommen, sich selbst zu betrachten. Es ist wichtig, jemanden zu finden, der schon wesentlich länger als Sie praktiziert und Ihnen praktische Anleitungen geben kann. In der Shambhala-Tradition wird man angewiesen, Meditationslehrer zu sein, wie ich es bin, und diese Hilfestellung ist kostenlos; Sie müssen einfach nur in ein Meditationszentrum gehen und um Unterweisung bitten. Sie könnten auch ein Zen- oder Vipassanā-Zentrum aufsuchen und sich dort Unterstützung holen. Achten Sie nur darauf, dass das Zentrum einen glaubwürdigen Eindruck macht, das heißt an eine Schule angeschlossen ist, die es schon, sagen wir mal, mehrere hundert Jahre gibt. Halten Sie sich von New-Age-Unsinn fern.

Danksagung

Meinen aufrichtigen Dank an und eine tiefe Verneigung vor: Richard Borofsky, Ribert Bosnak, Duncan H. Browne IV, Beth Grossman, Joel Heller, William McKeever, David Nichtern, Derek O'Brien, allen Pivers, Tulku Thondup und Lila Kate Wheeler.

Über die Autorin

Susan Piver ist eine „New York Times"-Bestsellerautorin und veröffentlichte bis dato sieben Bücher. Sie leitet internationale Workshops und bloggt täglich für ihre mehr als 7500 Abonnenten. Ihre Werke wurden in zwölf Sprachen übersetzt. Sie ist regelmäßiger Gast bei Oprah, der Today Show, CNN und anderen Fernsehshows. Artikel über ihre Arbeit erschienen im Time Magazin, der New York Times, dem Wall Street Journal u.v.m.

2011 gründete sie das *Open Heart Project,* um jedem an Meditation Interessierten Unterweisungen zukommen zu lassen.

Susan Piver ist seit 1995 praktizierende Buddhistin, sie ist Absolventin eines buddhistischen Seminars und zertifizierte Meditationslehrerin.

Nähere Informationen über ihre Bücher, Workshops und ihren Blog finden Sie auf ihrer Website www.susanpiver.com.

Weitere Literatur aus dem Arbor Verlag

Pema Chödrön

Geh an die Orte, die du fürchtest

Unsere Lebensumstände können uns verhärten, uns ängstlich und abweisend machen, oder sie lehren uns, sanfter, mitfühlender und freundlicher zu werden. Doch unsere gewohnten Strategien, mit Ängsten, Leiden und Schwierigkeiten umzugehen, sind wenig geeignet, diese zu überwinden – stattdessen zementieren sie diese letztlich nur. „Nicht flüchten, sondern anschauen" ist das Motto dieses praktischen Krisenmanagements für Körper, Geist und Seele. Dabei sind Pema Chödröns Ratschläge oft von provokativer Direktheit und fordern den Leser auf, sich voller Neugier auf das weite Feld seiner Schwierigkeiten vorzuwagen.

ISBN 978-3-936855-67-8

Pema Chödrön

Die Weisheit der Ausweglosigkeit

108 Unterweisungen von Pema Chödrön

Inspiriert von der Tradition der 108-Tage-Meditation begleitet uns Pema Chödrön durch die unendliche Weite des tibetischen Buddhismus.
Die Weisheit der Ausweglosigkeit schnürt, wie ein magisches Band, 108 Perlen der tibetischen Weisheit auf jenen roten Faden, der uns im Alltag orientiert und inspiriert.
Die Lektüre des Buches lädt uns dazu ein, mit Klarheit auf uns selbst zu schauen, unser Herz zu berühren und jene Gewohnheitsmuster zu durchbrechen, die uns von anderen trennen. Wie die Perlen des buddhistischen Mala-Gebetsbandes geleiten uns dabei die 108 Unterweisungen durch die Widrigkeiten des täglichen Lebens. Ein lebendiger und zugänglicher Weg, Angst und Schrecken in Freude und Mitgefühl zu verwandeln.

ISBN 978-3-86781-092-0

Susan Piver

Die Weisheit eines gebrochenen Herzens

Wie wir gestärkt aus Liebeskummer hervorgehen

Nichts gleicht dem Schmerz eines gebrochenen Herzens. Wenn Liebesbeziehungen enden, kommt für manche Menschen die vernichtende Wucht und obsessive Natur des gebrochenen Herzens völlig überraschend. Eine quälende Leere macht sich in uns breit, wir sind erschüttert von starken Gefühlen und nicht enden wollenden Gedankenschleifen – unser Körper krümmt sich vor Schmerz. Die ganze Welt spiegelt unseren Kummer wider, und es gibt kein Entrinnen! Oder doch?

Wie ein unermüdlich geduldiger Freund erinnert uns Susan Piver an die uns innewohnende Kraft, an unsere unzerstörbare Fähigkeit zu lieben. Wenn ein Herz gebrochen ist, stehen seine Tore weit auf.

Unter Leid, Wut und Selbstzweifeln ist unser weiches, berührbares Herz allzeit erreichbar. Voller Humor und leichten Herzens erschließt uns Susan Piver das Potential grundlegender spiritueller Transformation, das inmitten der überwältigenden Schmerzen eines gebrochenen Herzens verborgen liegt. So wird es uns möglich, gestärkt und weicher aus Beziehungen hervorzugehen, zu noch tieferer Liebe fähig als zuvor.

ISBN 978-3-86781-065-4

Sue Patton Thoele

Das Abenteuer, du selbst zu sein

Ein sanfter Weg für Frauen zu Gelassenheit, innerem Frieden und einem offenen Herzen

Rund um Sie herum tobt das Chaos?
Kein Problem!
Auch dann ist es möglich, einen klaren Kopf zu bewahren und gelassen mit beiden Beinen fest im Leben zu stehen. Selbst den vielgefragtesten Frauen unter uns ist es möglich, Achtsamkeit im Alltag zu praktizieren und in den Genuss ihrer Vorzüge zu kommen.
„Das Abenteuer, du selbst zu sein" zeigt, wie Frauen „die Kraft der weichen Macht" in ihr geschäftiges, dynamisches Alltagsleben integrieren können.
In mehr als 60 einfachen und wirkungsvollen praktischen Anleitungen begleitet uns Sue Patton Thoeles neuestes Buch sanft, einfühlsam und mit viel Humor auf jenem Weg, der uns wie von selbst zu einem offenen Herzen, zu innerem Frieden und zu größerer Lebensfreude führt.

ISBN 978-3-86781-007-4

Online

Umfangreiche Informationen zu unseren Themen, ausführliche Leseproben aller unserer Bücher, einen versandkostenfreien Bestellservice und unseren kostenlosen Newsletter. All das und mehr finden Sie auf unserer Website.

www.arbor-verlag.de

Mehr von Susan Piver

www.arbor-verlag.de/susan-piver